もむだけ美脚ダイエット

「足健道」さと足ツボ療術院 院長
田辺智美

産業編集センター

はじめに

自分では気づきにくいけれど、他人からは気づかれやすいパーツ
アキレス腱は、キレイですか？

今から25年ぐらい前、あるテレビ番組で「脚フェチ」コンテストをしていました。大人気の芸人さんがキレイな水着姿のモデルさん10人を後ろ向きに並ばせていました。「この子！」と言って選んだ基準は、「アキレス腱」。たしかに老廃物がなく腱がクッキリと表れていて、足首がキュッと引き締まって一番キレイでした。

私は急いで、鏡の前に行って後ろ向きになって自分の足を見てみましたが、アキレス腱は埋もれていたのです。

「どうすれば、あんなにキレイなアキレス腱になれるのだろう？」

と衝撃的に感じたことは、今も私の記憶に残っています。

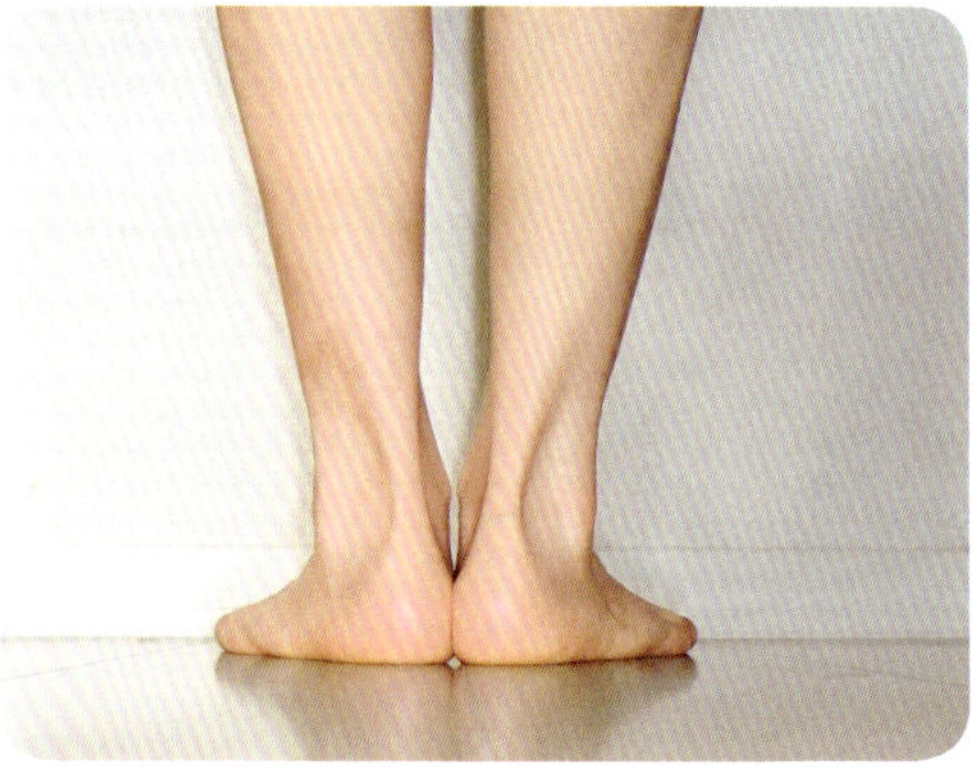

しっかり足もみをしていれば、アキレス腱はここまでキレイになります！

むち打ち症のために始めた足もみで、「美脚」を手に入れた！

それから数年後の28歳の時、私は40トンの大型トレーラーの信号無視によって、交通事故に遭い、重度のむち打ち症になりました。激しい頭痛や痺れ、重度の肩こり、無気力、倦怠感など、たくさんの辛い症状と付き合う日々が始まりました。

なかなか改善できずに、心も体も不安でイッパイの時に出会ったのが「足もみ」です。初めて足をもんだ瞬間に「これでよくなれる！」と早くも体が回復して、元気になれたような喜びと、「これからの人生に、足もみがあれば絶対大丈夫！」と安心できた感動は、「足健道」さと足ツボ療術院を開院して20年たった今も続いています。

また、時期を同じくして、手術が必要だと言われていた実母の心筋梗塞が、手術をしなくてもよい状態にまで改善できました。

さらに足もみは、子どもの頃から続いていた虚弱体質、副鼻腔炎の改善にもつながりました。いつの間にか脚は細くなり、O脚は改善し、アキレス腱はあのモデルさんのようにクッキリ、キュッと引き締まっていました。辛い症状を改善させるために始めた足もみで、「美脚」も手に入れることができたのです。

現在も、表紙の脚と隣のページでお見せしたアキレス腱を維持しています。

逆に言えば、脚を細く矯正するための足もみで、不調も改善できる「健康やせ」が実現するということです。

「やせたい」という願いは、「もっとキレイになりたい」という女性の永遠の願いです。しかし、左記のような方たちが多いのが現状なのです。

- やせたけど、リバウンドした
- 上半身は細くなったけれど、下半身が太いまま
- やせたのに足首がない
- 太もものセルライトが取れない
- 年を重ねるごとに、ひざ小僧が大きくなっている

このようなクライアント様たちに
「それは老廃物が滞っているんですよ。反射区とツボを押して流してあげれば、細くなりますよ」
とお話してきました。

「やせる」ことと「健康やせ」の違い

実は、「やせる」ことと、「健康やせ」は根本的に違います。「やせる」のは簡単。食べるカロリーより、消費するカロリーを大きくしていけば、誰でも脂肪も体重も落ちます。しかし、重力によって下半身に停

滞した老廃物はそのままになっているのです。

「健康やせ」では、全体重を支えている脚の土台を矯正し、末端からもみほぐし、重力に逆らって全身の血液やリンパの流れを促し、代謝を上げて老廃物を排泄させ、健康体をつくりながら、細くなります。

本書では、骨の際にこびりついている老廃物までを排泄させてキレイなラインができる技術をわかりやすい図解で公開しました。お金をかけず、いつでも自分で行うことができます。辛い筋トレや食事制限はありません。

代謝のよい方は、直後にたっぷりの尿や便が出るようになります。たくさんの汗をかくようになる方もいます。そうやって体の内側から解毒の変化が始まります。そして、むくみがなく、形がキレイで、スッキリとバランスのとれた健康的で魅力的な体を手に入れることができるのです。

始めにザッと目を通したら、P32の「美脚」プログラムとP76の「全身やせ」プログラムで、なりたい自分をイメージしてワクワクしてください。次に、なりたい自分に合せて各種プログラムを選んだら、即、実践です。

一人でも多くの女性に細くなる楽しみと、これから先の人生ずっと美しい身体を維持していける喜びを実感していただきたいと願っています。

田辺智美

CONTENTS

3章　美脚を目指す人のプラス習慣

4章

もむだけ！ 全身やせプログラム

1 章

効果に感激！ 足《そく》健《けん》道《どう》式足もみ

脚に溜まった老廃物は食事制限や運動だけでは落ちません。
美脚ダイエットに必要なのは、ただ「足をもむ」こと！
３つのマッサージを融合させたオリジナルの手法、
「足健道式足もみ」のメソッドと驚くべき効果をご紹介します。

脚が太い原因は脂肪ではなく老廃物!?

ふくらはぎは「第2の心臓」。あなたの脚にも、知らないうちに毒素や老廃物が溜まっているかもしれません。

あなたの足は
どうですか？
ひざ小僧に
お肉が
のっている
太ももが
ムッチリ！
O脚が
治らない…！
足首は
どこにある!?

脚に溜まった老廃物はなかなか落ちない！

皆さんは自分の身体や脚にどんな悩みがありますか？　その悩みに対して、「変わりたい」と真剣に考えたことはありますか？

健康的でスリムな身体を手に入れるには「血液の循環」と「老廃物の排泄」が重要です。本来、バランスのよい食事と適切な運動をしていれば心配する必要はないのですが、添加物やカロリーを多く含む食品が蔓延し、運動のチャンスが得られない忙しい現代社会では、ストレスも重なり、どんどん

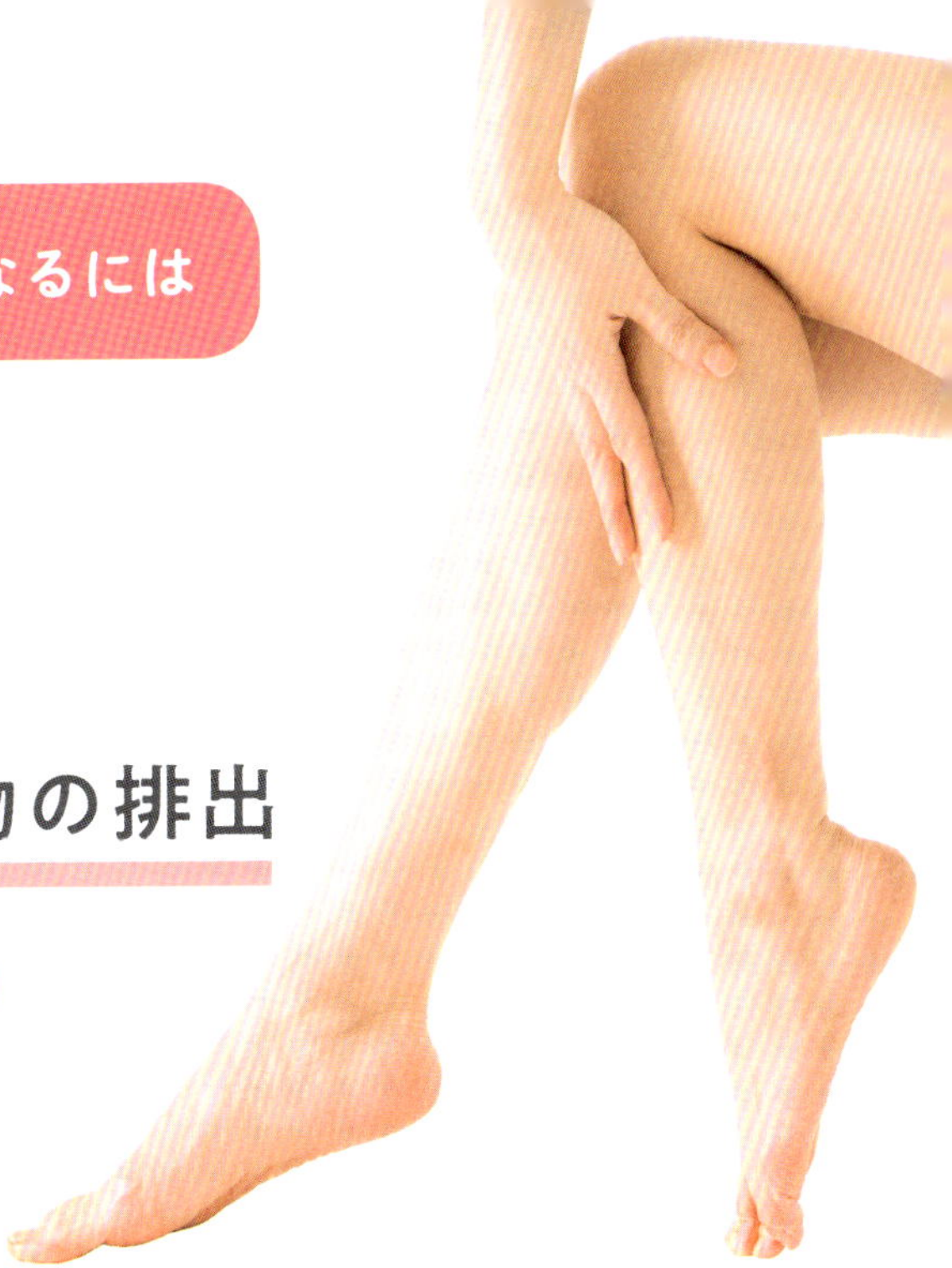

健康的な美脚になるには

血液の循環と老廃物の排出が鉄則です！

セルライトと老廃物はどう違う？

エステティック界

セルライト

＝

東洋医学界

老廃物

セルライトと老廃物の違いはエステティック業界と東洋医学的表現の違いであり、どちらも身体に悪影響を及ぼす、排泄されるべき不要物と認識されています。これを取り除くことが、「もむだけ美脚ダイエット」の目的となります。

血流が滞り、老廃物が蓄積された状態に…。特に、心臓から最も離れ、地面に一番近い位置にある脚は、重力の影響を受けた老廃物が溜まりやすい場所。下半身に一度こびりついてしまった毒素や老廃物は、残念ながら食事制限や運動だけでは除去できません…。

「ふくらはぎは第2の心臓」という言葉を聞いたことがある人は多いと思います。ふくらはぎにはたくさんの血管が通っています。これらの血管はふくらはぎの筋肉が収縮すると絞られて、重力に逆らって心臓へ血液を送り込みます。つまり、ふくらはぎの筋肉は、心臓と同じように血液を送り出すポンプの役割を果たしているのです。しかし、ふくらはぎに老廃物が蓄積していくと、血流の循環が滞り、下半身太りをはじめ、しまいには全身の肥満の原因にもなってしまいます。

足《そく》健《けん》道《どう》式足もみはここがすごい！

3つのマッサージを取り入れたオリジナルの足もみ法が、老廃物をごっそり流してくれます！

ツライ筋トレなし！
1日5分からでもOK！
食事制限なし！
ふくらはぎは「第２の心臓」！
もみもみするだけでやせ体質に♪

もむだけで美脚に！まるで夢のような方法

足健道式足もみは、アメリカ発祥の「リフレクソロジー」という足裏マッサージを軸に、中国大陸の「経絡マッサージ」、そして紀元前から存在した「リンパマッサージ」の3つを掛け合わせた、オリジナルの手法です。

　この足もみは、もともと身体の不調や病気などの改善のために生まれました。しかし、健康目的で訪れた2万人以上の人の中から「足首が細くなった」「脚がまっすぐになった」「ひざ小僧がキレイになった」という声が集まり、女

3つのマッサージのいいとこ取り！

足健道式足もみでは、各マッサージのよく効く要素を抽出。
最大限の効果を発揮できるように組み合わせられています。

リフレクソロジーの「反射区」

臓器や器官につながる反射区をもむことで、身体の不調改善を目指す。「どこをもむと、どの効果があるのか」が明確なのが特徴。

足もみ

リンパマッサージの「活性化」

免疫機能を持つリンパの流れをよくすることで、不調改善を目指すマッサージ法。血管とリンパ管は支え合い、密接につながっている。

経絡マッサージの「ツボ」

エネルギーの流れ道である経絡のライン状にあるツボ（経穴）を刺激することで、エネルギーを正常に整えるマッサージ法。

血液とリンパ液がダブルで活性化！

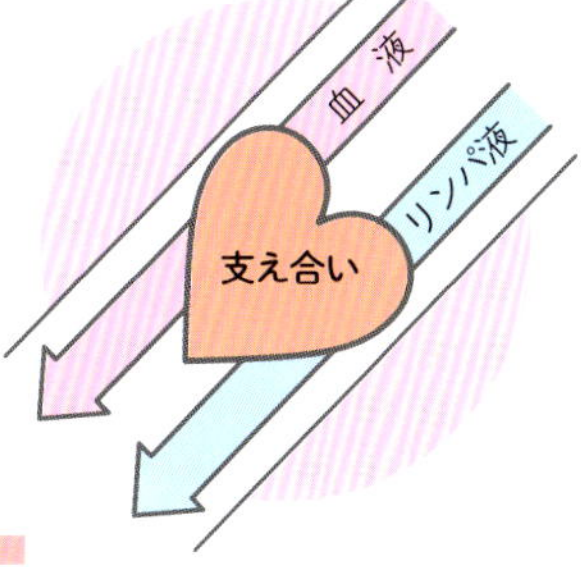

血液と同様に身体全体を循環するリンパには、免疫機能のほか、脂肪成分を運搬する役割があります。血管とリンパ管は隣り合って支え合う存在。血流が促進するとリンパの働きも高まり、老廃物が流れ、むくまない身体になります。

性にとって何とも嬉しい脚やせ効果が実現できたのです！

足をもむだけで「血液の循環」と「老廃物の除去」ができて、みるみる美脚になるなんて、まさに魔法のような脚やせ法だと思いませんか？

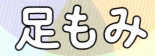

もむだけでやせる最強のダイエット法

足もみによる脚やせ効果は抜群。さらに安心・安全で美容面や健康面にも嬉しい変化がたくさん！

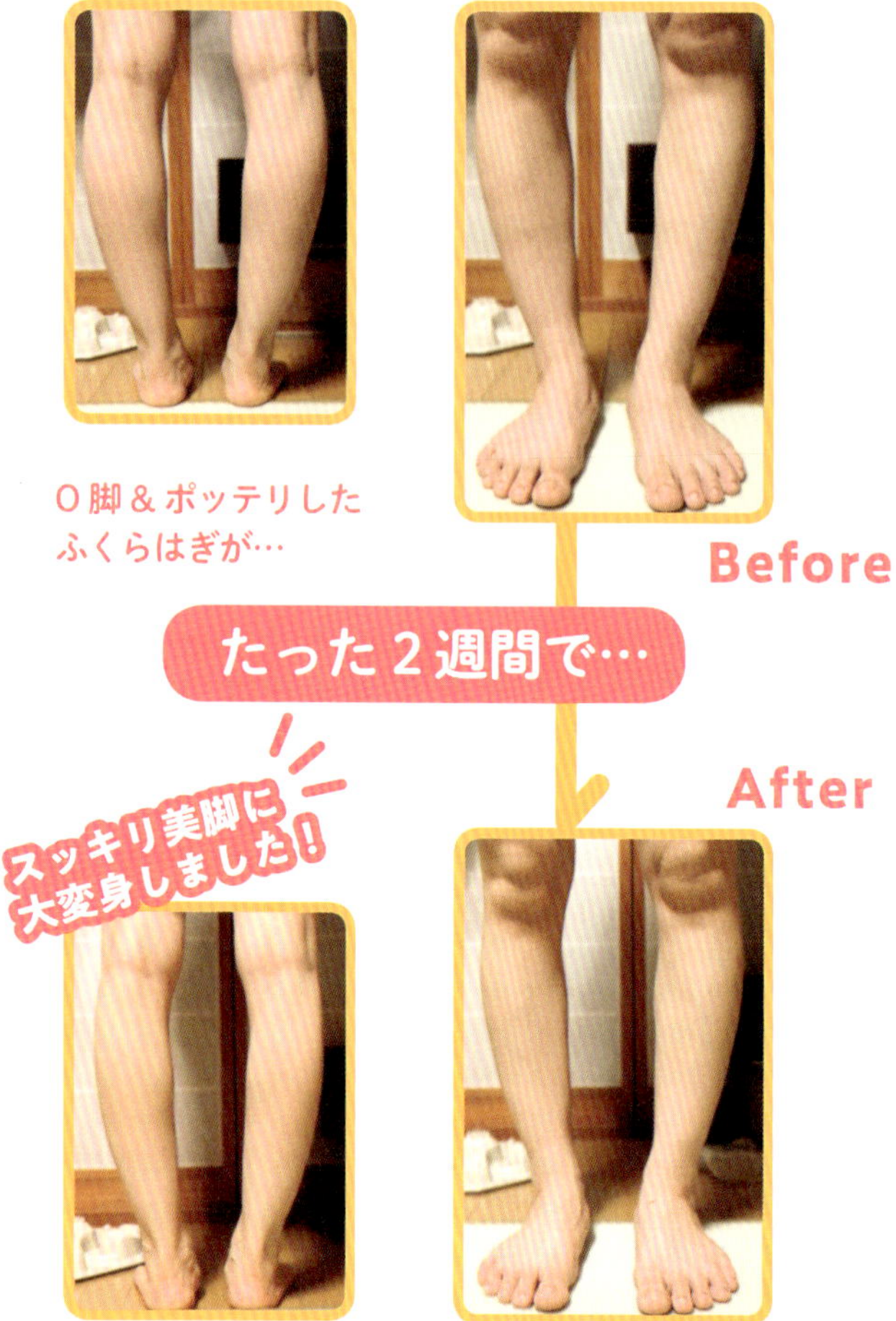
O脚＆ポッテリしたふくらはぎが…
Before
たった2週間で…
After
スッキリ美脚に大変身しました！

足もみの体験者全員がサイズダウンを実感！

「足健道」の療術院では、術前と術後に足首とふくらはぎの太さを測定していますが、例外なく全員がサイズダウンしています。たった1回だけでも、老廃物が大量に動き出し、多くの人が1～3㎝も細くなります。

足もみの脚やせ効果は絶大です。また、単に脚がどんどん細くなっていくだけではなく、O脚やX脚、内股やがに股なども改善され、キレイな美脚に変身します。

数ある脚やせ法やダイエットの中でも

足もみをおすすめする理由

1 自分ひとりの力で無理なくできる！

足もみには、特別な道具も、誰かの手を借りる必要もありません。また、厳しい食事制限やトレーニングなどを要するダイエットとは違い、自分のペースで無理なく続けられます。

2 足だけでなく全身に効果がある！

第２の心臓であるふくらはぎに働きかける足もみ。その効果は、脚だけではなく全身に表れます。足もみを始めたら、まず二重あごからスッキリするのを体感できるはず！

3 安心・安全でいくらもんでもＯＫ

足をもみすぎたからといって、体調が悪くなったりダイエットの逆効果になったりすることはありません。身体にも財布にも負担をかけず、美脚を手にすることができます。

4 美肌や美容効果が期待できる！

足もみは女性ホルモンの分泌を活発にする「天然の美容液」。しっかり行っていれば、肌の調子がよくなり、スキンケアは自分に合った良質な水分と油分を補うだけで十分に。

足もみとダイエットのQ&A相談室

足もみをする上で知っておきたい素朴な疑問にお答えします。

Q どのくらい続ければ効果が出るの？

A ３ヶ月を目安に！

細胞の生まれ変わる３ヶ月が目安になりますが、代謝のよい人はより早く、悪い人は時間がかかります。中には１回の施術で足首が３cm、ふくらはぎが５cmサイズダウンする人もいますが、毎日続けて定着させることが大切。

Q 足もみは、やればやるほどいいの？

A まさにその通りです！

やればやるほど効果が表れます。私の場合は、効果が出るのが嬉しくて、３年半は１～２時間半かけて毎日もみました。初めての人は１日10～30分くらいを目安に、自分の負担にならない程度に楽しく続けましょう。

Q 効果がUPする理想的な時間帯は？

A 一番はお風呂上がり♪

身体が温まり、血行がよくなった後にもめば、劇的効果が期待できます。特にリンパが活性化する21～23時は足もみのゴールデンタイム。免疫力もUPし、健康的にやせることができます。また、足もみは運動後にもおすすめです。

Q 青タンができちゃった！足もみを続けて大丈夫？

A もむことで改善します！

青タンができるのは、毛細血管が弱っている証拠です。毛細血管には再生能力があり、もみ続けることで血管は丈夫に生まれ変わります。静脈瘤や痛みを感じる箇所があれば、そこには触れず、その周辺をもみましょう。

Q やせたいけれどちょっぴり面倒…

A やせた自分を想像して！

やりたくない日はやらなくても OK。でも、翌日で挽回する信念を持ってください。長い人生のほんの数ヶ月。この本と出会ったご縁をチャンスと受け止めて頑張って！ １日数分でも継続すればその効果は必ず表れます！

Q 脚やせに成功！でもリバウンドが心配…

A 5分でも続けること！

思い通りの身体を手に入れても、その後のケアを何もしなければ元に戻るのは、自然の原理です。老廃物がなく、細くキレイな状態が普通なのだと身体が覚えるまで、成功した後も１日５分でもよいので続けてください。

Q もんだら赤く腫れてしまった…！

A 代謝が悪い証拠です！

ごく稀にもんだら腫れてしまうタイプの人がいます。これは代謝の悪さが原因で、老廃物がすぐに流れず、腫れとなって表れています。このような人は、通常の倍である６ヶ月を目安に根気よく続けましょう。

こんな足の人は特に注意が必要です！

6つの症状のどれかに当てはまるならすぐ足もみを！美容面だけではなく健康面にも悪影響のサインです。

症状1　ふくらはぎが張っている人

運動をしたわけではないのにふくらはぎがパンパンに張るのは老廃物が原因かも。表面は柔らかくても、つまむとカチカチな場合も注意。

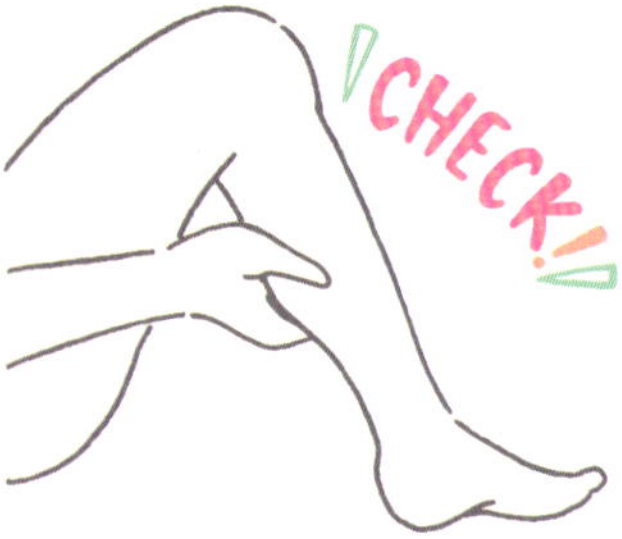

ふくらはぎをつまんで確認して！

症状2　足首にくびれがない人

足首が太いのは遺伝や体質ではなく、毒素や老廃物が蓄積している場合が大半。スリムな人でもアキレス腱周辺に溜まっている場合も。

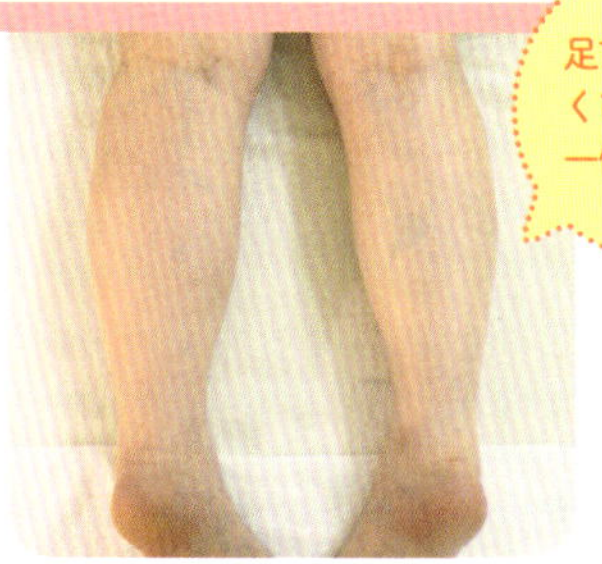

足首のくびれは一体どこ…？

症状3　下半身がむくんでいる人

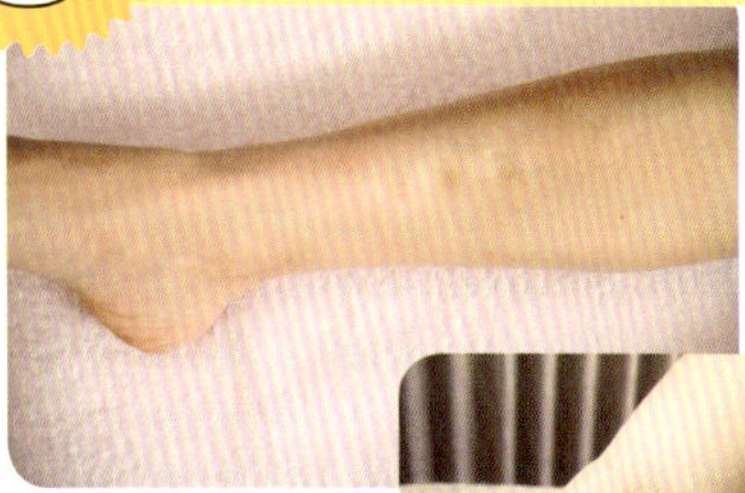

足のすね部分を指先で10秒押した後に、その様子をチェック。押した指の跡が凹んでなかなか戻らない人はむくんでいる証拠！

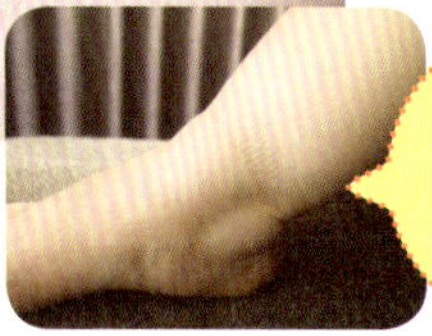

靴下の跡が取れない人も注意！

脚やせ以外の
こんな症状にも
効果アリ

静脈瘤がある人

血液の逆流を防ぐ弁の働きが弱まってできる静脈瘤。足もみで筋肉をほぐして、血流を助けることで改善。

女性特有の悩み

女性ホルモンの分泌を活発にさせる足もみでは、生理痛や更年期障害、不妊症の改善にも効果が期待できる。

さまざまな不調

足もみには、頭痛や肩こり、腰痛、不眠症やストレスなどありとあらゆる身体の不調を改善させる力がある。

症状 4 くるぶしが腫れている人

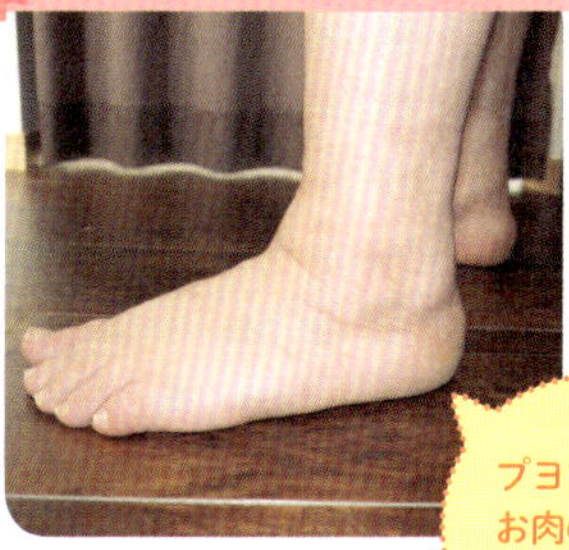

くるぶしは特に皮膚が薄い場所。にも関わらず、骨を覆うほどプヨプヨに盛り上がっているのは、毒素や老廃物が蓄積しているサイン。

プヨプヨ
お肉の正体は
老廃物！

症状 5 セルライトがついている人

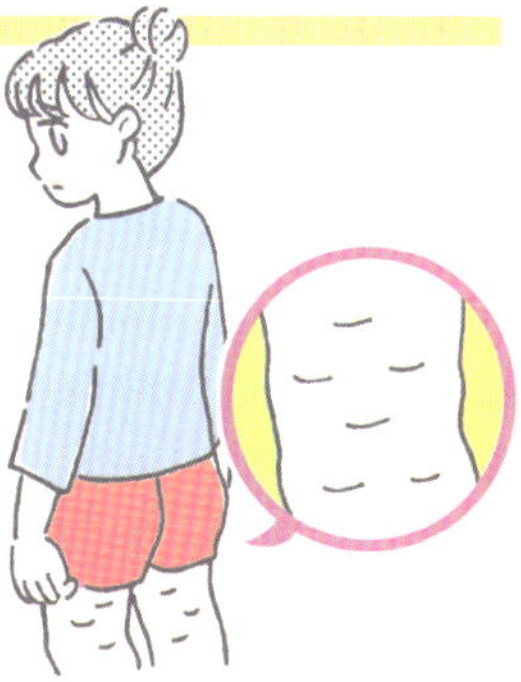

主に太ももなどに見えるボコボコしたセルライトは、一度できるとなかなか取れない…。でも脂肪吸引などの外科手術の必要はナシ！

一刻も早く
除去したい！

症状 6 筋肉太りしている人

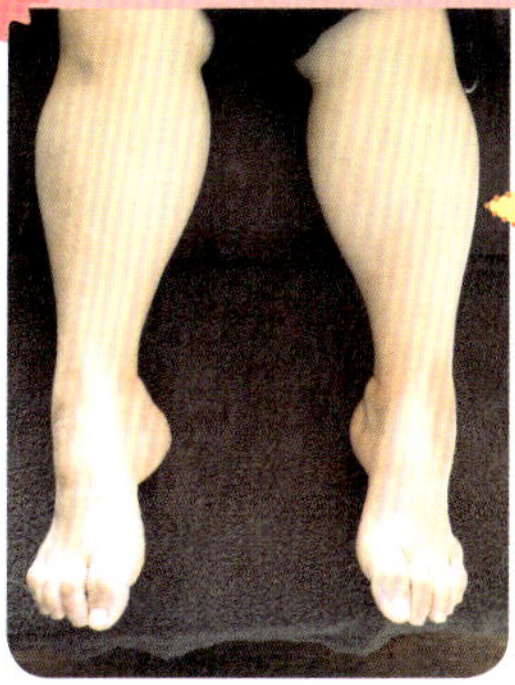

筋肉なのに
太い…負の
スパイラル

筋肉はよいものと思えるが、特定の部位だけが発達しているのは、負荷の偏りによるもの。負荷を和らげるために周りに脂肪がつきやすい傾向が。

その体質の原因は心のSOS!?

たった一人で抱え込んだ悩みや苦しみ。そんな心の痛みが太りやすい体質として、身体に表れている可能性があります。

隠れた心の痛みを探る体質カウンセリング

「食べすぎてしまう」「むくみやすい」など、
ダイエットを妨げる困った悩み…。
その裏には、どんな心の声が隠されているのか、
一緒に考えていきましょう。

心のカルテ 1 むくみやすく、水太りになる

心のSOS

本心を伝えるのが怖い。

気づきの一言

伝え方を工夫しよう!

自分の気持ちを抑え、心に溜め込んでいる状態。意見を伝えることが相手を批判したり攻撃したりすることだと捉えてしまって、本心が出せなくなっています。だから排泄するはずのものが、停滞してしまうのです。思いや考えを伝える（出す）ことで、コミュニケーションはより深まります。

心のカルテ 2 太りやすく、すぐ体重が増える

心のSOS

尽くすことに固執しすぎている。

気づきの一言

時にはNOを。自分のニーズを優先して。

サービス精神旺盛で、自分を犠牲にしてでも、周りからの要望に応えようとしている状態です。そのため、少しずつ食べる量を増やしていき、そのエネルギーを蓄えているのです。自己評価が低くなっているので、自分のための時間をつくったり、好きなことをしてバランスを取って。

心のカルテ 3 つい食べすぎて後悔する

心のSOS

守ってくれる人がいなくて不安…

気づきの一言

大丈夫。
十分に守られているよ！

心が不安定になり、誰かに守られたいと保護を求めている状態です。悲しい、辛い、寂しいというマイナスな感情を無意識に避けている傾向が。だから、たくさん食べることでトリプトファンを吸収して、幸せホルモンであるセロトニンを増やそうとしているのです。

心のカルテ 4 体脂肪が30％を超えている

心のSOS

敏感になりすぎてまわりが怖い。

気づきの一言

本当の気持ちを大切にしてもいい。

鋭い感受性を隠すために、自分を守ろうとしている状態。体型が崩れると鏡を見たくなくなるように、自分のネガティブな感情を見ないように、あるいはストレスを感じないようにするために、体内に脂肪の膜の層を増やしてバリアを張っています。周りを気にせず、自分を尊重して！

心のカルテ 5 下半身にばかり肉がつきやすい

心のSOS

忘れていたトラウマがあるかも。

気づきの一言

人は完璧じゃなくていい。

幼少期に受けた心の傷によって、自信をなくし、自分を卑下している状態です。自己評価を下げることで自分を守ってきたのかもしれません。そのストレスによって下半身に老廃物が蓄積。我慢していたその怒りを手放しましょう。女性は父親からのトラウマであることが多いようです。

嬉しい足もみダイエット成功レポート

足もみによって見事にお悩みを解決し、スリムに変身した体験者2名をご紹介します！

FILE 1

ほっそり美脚になりたい!

Sさん（40代）の場合

「脚やせ」という言葉に引き込まれて足もみを始めたSさん。1ヶ月でひざ周りがスラリと美しいラインに大変身！

After

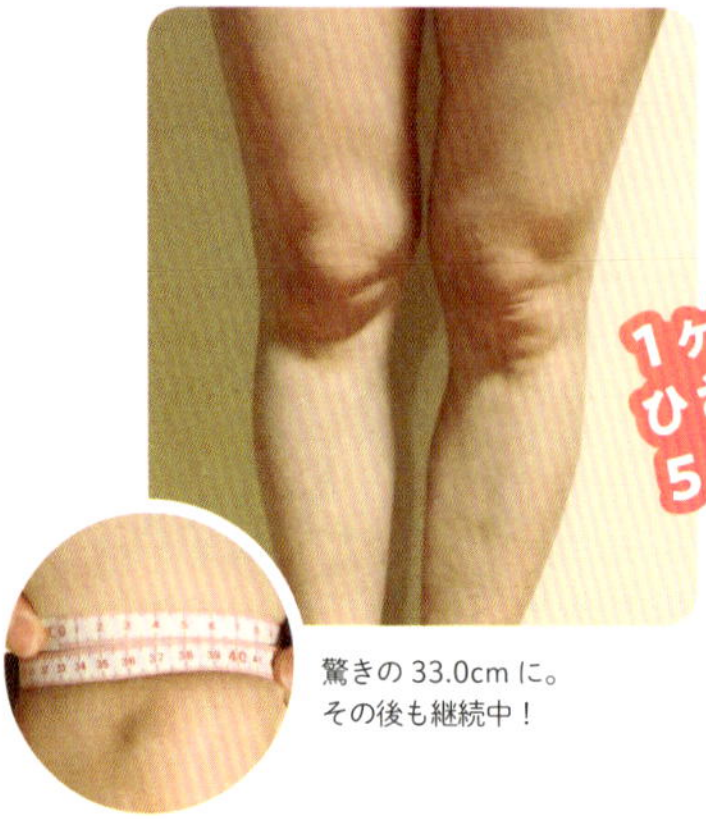

驚きの33.0cmに。
その後も継続中！

1ヶ月で
ひざ上が
5cmダウン!

Before

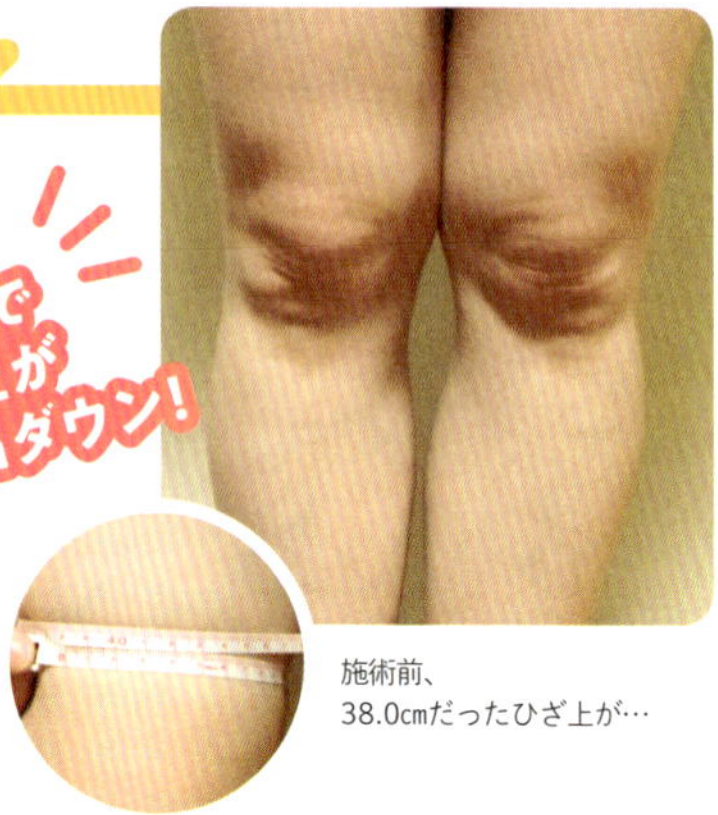

施術前、
38.0cmだったひざ上が…

FILE 2

プニッと二の腕を卒業したい!

Mさん（30代）の場合

やせ型であるものの、二の腕が気になっていたMさん。1ヶ月で-0.5cm、2ヶ月で-1.2cmと確実にサイズダウンを実現！

After

2ヶ月で
25cmになりました！

2ヶ月で
二の腕が
1.2cmダウン!

Before

施術前、
26.2cmだった二の腕が…

2章

もむだけ！美脚プログラム

足もみの理論と効果を学んだら、いよいよここからは実践です。
太もも、ふくらはぎ、足首、O脚…、気になる箇所はどこですか？
自分の悩みや目標に合わせて、自由にカスタマイズしながら
足もみダイエットを楽しみましょう！

押すと流すが足もみダイエットの基本

ここでは、押し方や指の形についてなど、基本的な足もみのやり方を解説していきます。

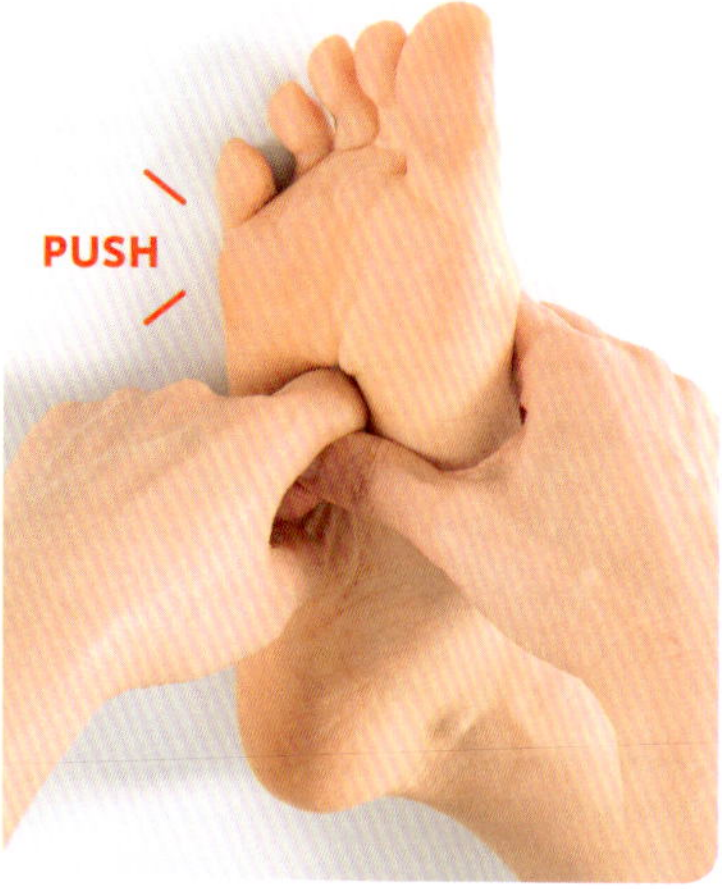

（押す）プッシュ

ピンポイントで刺激

一定の力（安定圧）をかけて押すこと。細かく押す場合もあるが、３秒間が基本。イタ気持ちいい刺激を与えることで、副交感神経が優位になり、リラックス効果を高める。

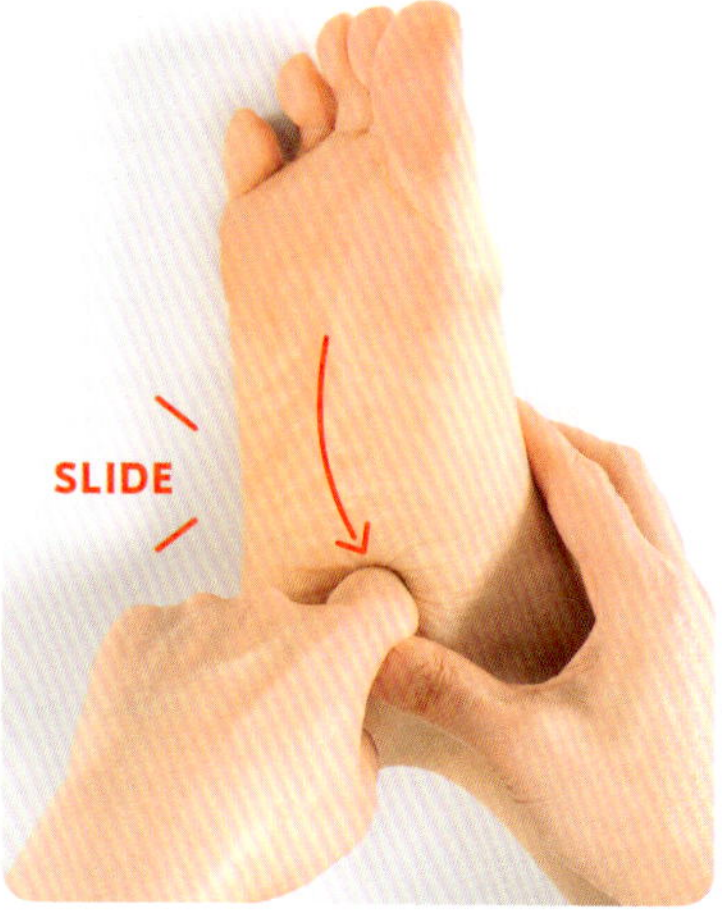

（流す）スライド

安定圧ですべらせる

安定圧を加えたまま、刺激したい範囲を流すこと。老廃物を流すことが目的。圧を安定させながら動かすために、ボディクリームを使用すること。色素沈着の予防にも。

プッシュ＆スライドで老廃物をごっそり除去

足もみの仕方は主に2パターン。ツボや反射区をポイントで押して刺激する「プッシュ」と、老廃物を流すように広範囲を刺激する「スライド」です。プッシュで刺激した老廃物を、スライドで移動させて除去していくようなイメージで行います。

また、プッシュとスライドをどの指で行うかによって、刺激の強さや範囲は異なります。

主な指の形はこの４つ！

親指

初心者でも行いやすいポピュラーなもみ方。
鋭角よりもソフトな刺激が特徴。

鋭角（基本）

人指し指を曲げて、突起した関節部分を使う。
腕力がない女性でも効率的に刺激できる。

２本指

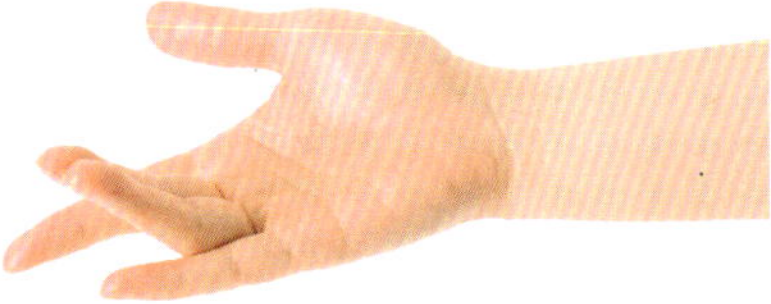

中指と薬指の腹を使う方法。太もも裏やひざ裏など、主に脚の後ろ側をもむ時に使う。

鋭角（深め）

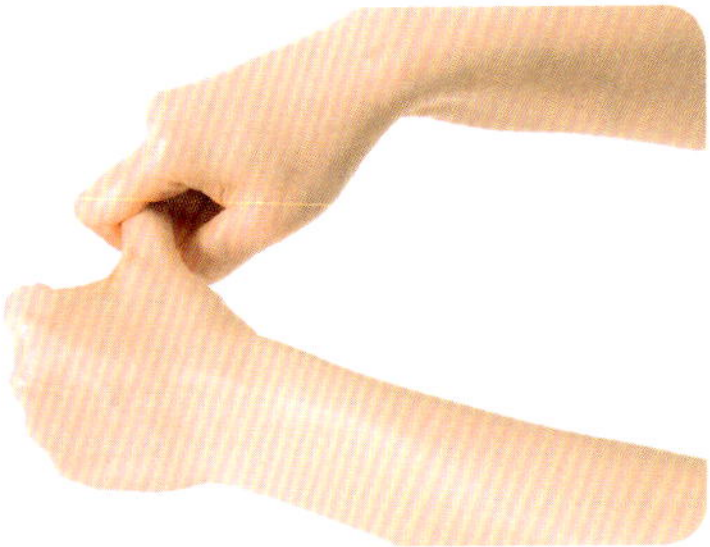

基本の鋭角をつくり、もう片方の手の親指で関節の裏を押す。深く刺激することができる。

手が痛くなる場合はかっさや棒を使ってもんでもOK！

ボディクリームを忘れずに！

足もみの際には、もむ箇所にお好みのボディクリームをつけましょう。皮膚の摩擦を防ぎ、より深くスムーズにもむことができます。特にスライドの時には忘れずに使って！

足もみを始める前に確認したいこと

さっそく足もみを始めたいところ。ですが、その前に守るべきルールをお伝えします。

足もみに関する5つのルール

満腹時は避けること

食後は消化と吸収にエネルギーが使われるため、足もみ効果が半減。食後 30 分はあけること。

最後に白湯を飲むこと

足もみ後はコップ一杯の白湯を飲むのを忘れずに。動き出した老廃物を体外にいち早く排出するのを助けてくれる。

毎日少しでも継続を

数日に 1 回などまとめて長時間行うよりも、少しずつでもよいので毎日続ける方が効果を実感できる。

“イタ気持ちいい”刺激で

痛すぎる刺激は緊張状態をつくる…。「痛いけれども気持ちがいい」という程よい刺激がリラックス効果も高く理想的。

足の状態を記録する

施術前に足の状態をメモし、写真に撮っておくことが大切。記録することでモチベーションアップに！

5つのルールを確認し足の状態をチェック！

もみ方の他にも、足もみを行う上で気をつけておくべき5つのルール。これをきちんと守っていれば、より効果が実感できること間違いなしです。体調が優れない時にもめば、元気になります。生理中や妊娠中に行っても問題ありません。

また、足もみを始める前に自分の足のコンディションを把握しておくことも大切です。左ページの表を使い、足の太さや悩みなど、今の状態を自由に書き込んでみて。

足の状態をチェックしましょう！

常にスタート時と比較しましょう！

まずは、スタート時の足の状態から記入。１ヶ月後以降は、スタート時を記入済の表をコピーして使います。変化を確認する習慣をつけて。

	スタート（　月　日）	__ヶ月後（　月　日）	__ヶ月後（　月　日）
太もも	右　cm 左　cm	右　cm 左　cm	右　cm 左　cm
ふくらはぎ	右　cm 左　cm	右　cm 左　cm	右　cm 左　cm
足首	右　cm 左　cm	右　cm 左　cm	右　cm 左　cm
（その他）気になる箇所	右　cm 左　cm	右　cm 左　cm	右　cm 左　cm
足裏の色	桃色・白・ 赤黒色・黄色	桃色・白・ 赤黒色・黄色	桃色・白・ 赤黒色・黄色
足裏の温度	正常・冷えている・ ほてりがある	正常・冷えている・ ほてりがある	正常・冷えている・ ほてりがある
足裏の状態	良好・タコ・魚の目・ 角質が硬い・皮膚のめくれ	良好・タコ・魚の目・ 角質が硬い・皮膚のめくれ	良好・タコ・魚の目・ 角質が硬い・皮膚のめくれ
備考欄	例．足がだるい、むくんでいる、指の間に水虫、踵がガサガサ、イライラしやすい	例．足のだるさが取れた、むくみが取れた、水虫がなくなった、踵がツルツル	例．足が細くなった、ひざ小僧が小さくなった、生理不順がない、体調がいい

ツボ＆反射区を大紹介！足マップ

番号で記したツボは「点」、色分けした反射区は「面」と捉えて、効果的に刺激しましょう。

足の甲

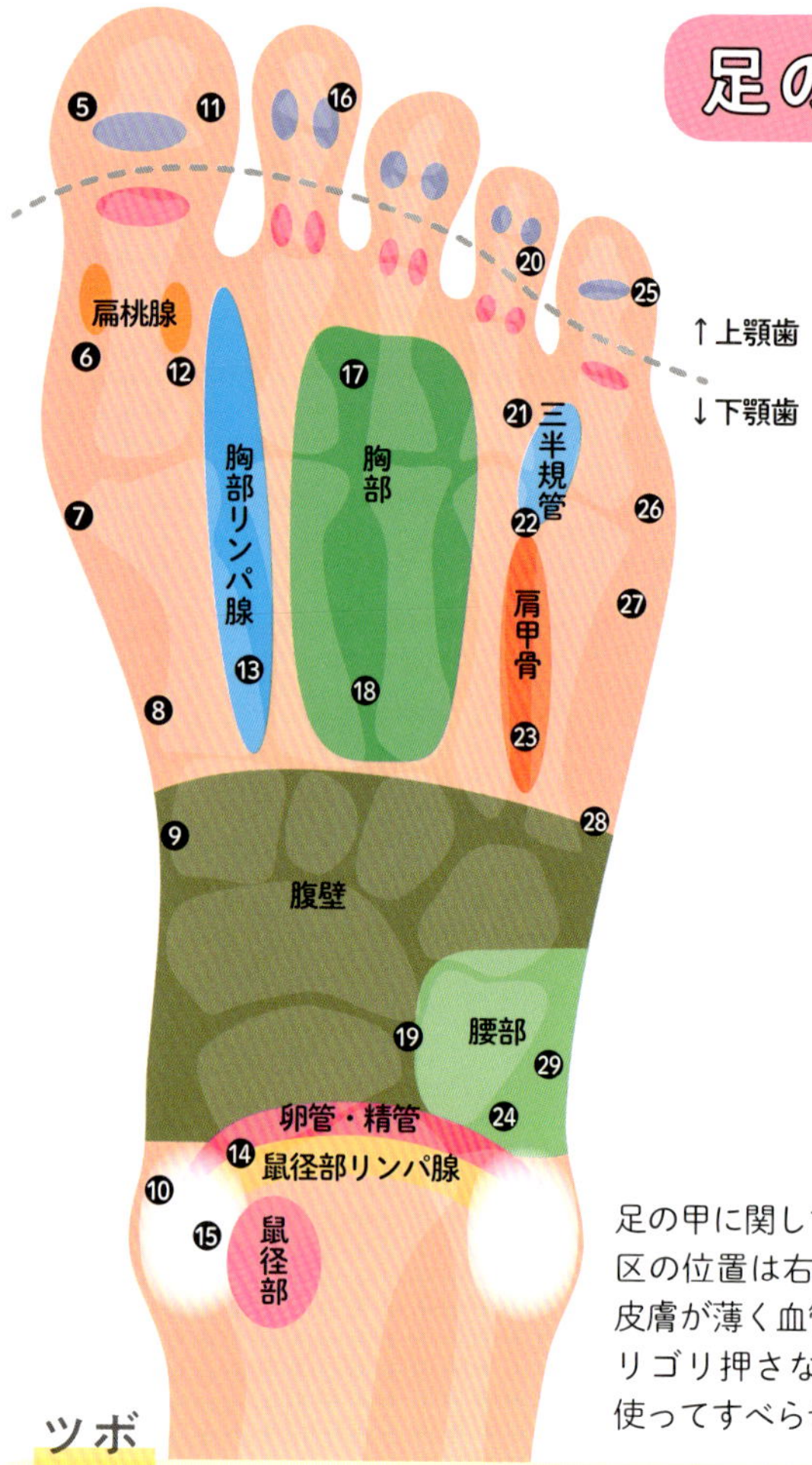

足の甲に関しては、ツボと反射区の位置は右足も左足も同じ。皮膚が薄く血管も多いので、ゴリゴリ押さないでクリームを使ってすべらせながら刺激を。

ツボ

5	隠白（いんぱく）	ノイローゼ・精神不安
6	大都（たいと）	お腹の不調
7	太白（たいはく）	胃の不調
8	公孫（こうそん）	消化不良
9	然谷（ねんこく）	膀胱炎
10	照海（しょうかい）	アレルギー
11	大敦（だいとん）	心臓機能
12	行間（こうかん）	気を落ち着ける
13	太衝（たいしょう）	肝臓機能
14	中封（ちゅうほう）	生殖機能
15	商丘（しょうきゅう）	関節炎・リウマチ
16	麗兌（れいだ）	顔面神経麻痺
17	内庭（ないてい）	食中毒
18	衝陽（しょうよう）	麻痺
19	解谿（かいけい）	関節炎
20	竅影（きょういん）	頭痛
21	侠谿（きょうけい）	めまい
22	地五会（ちごえ）	耳鳴り
23	臨泣（りんきゅう）	目の不調
24	丘墟（きゅうきょ）	腰痛・胆石
25	至陰（しいん）	逆子
26	通谷（つうこく）	頭痛
27	束骨（そっこつ）	めまい
28	京骨（けいこつ）	首痛
29	金門（きんもん）	腰痛

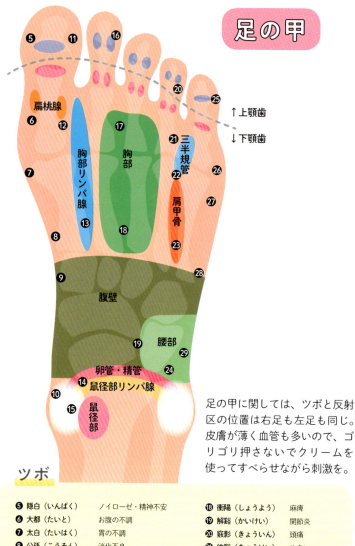

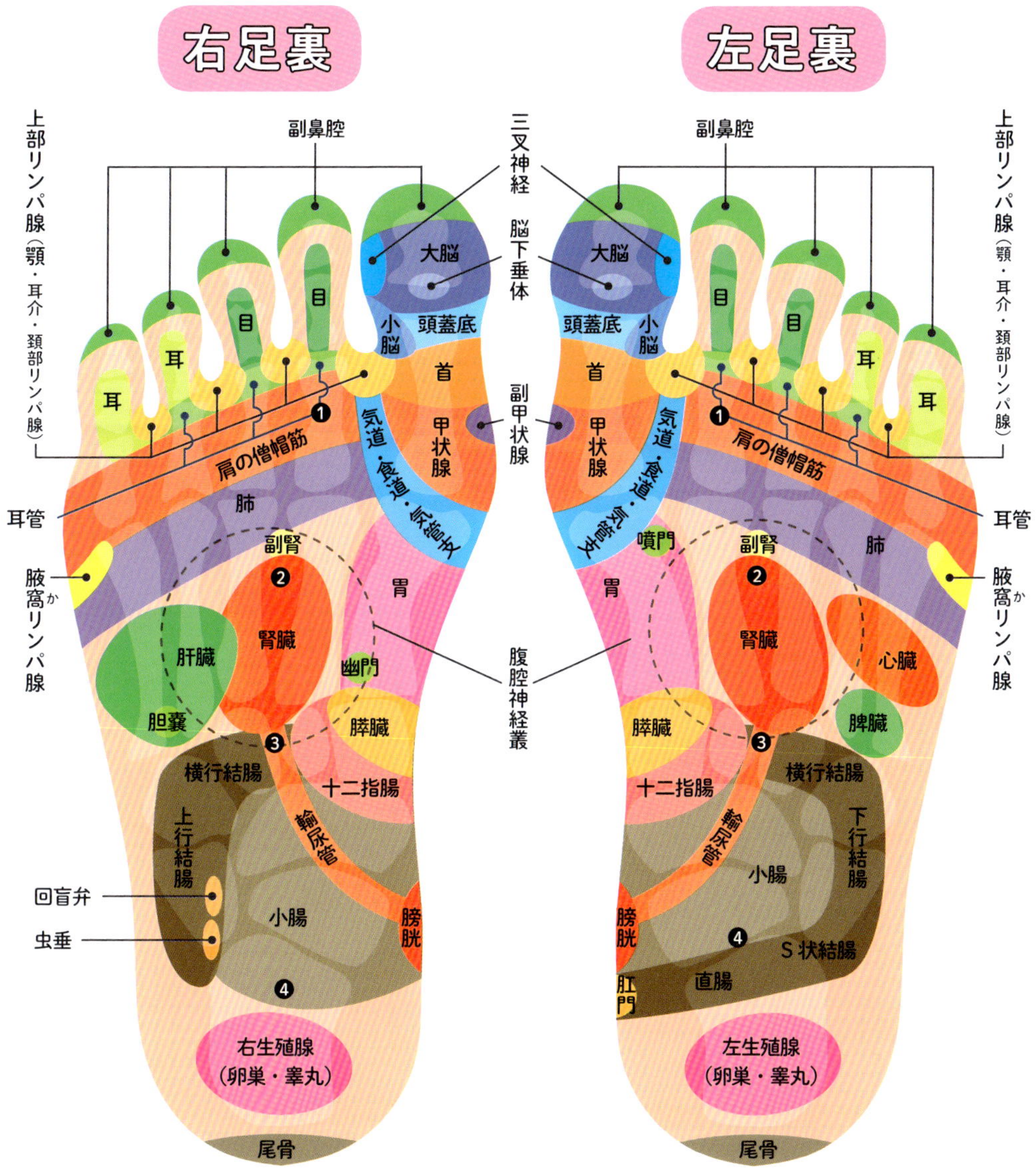

足の裏に関しては、ツボと反射区の位置は右足と左足で多少異なる。心臓や肝臓、下行結腸や上行結腸などの違いを確認してみて。

ツボ

❶ 裏内庭（うらないてい）　じんましん・食中毒・吐き下し
❷ 湧泉（ゆうせん）　むくみ
❸ 足心（そくしん）　やせ効果
❹ 失眠（しつみん）　眠りの質の向上

足の内側

くるぶし付近は、ダイエットに関係するツボも多め。骨の際に老廃物が溜まっている人が多い。

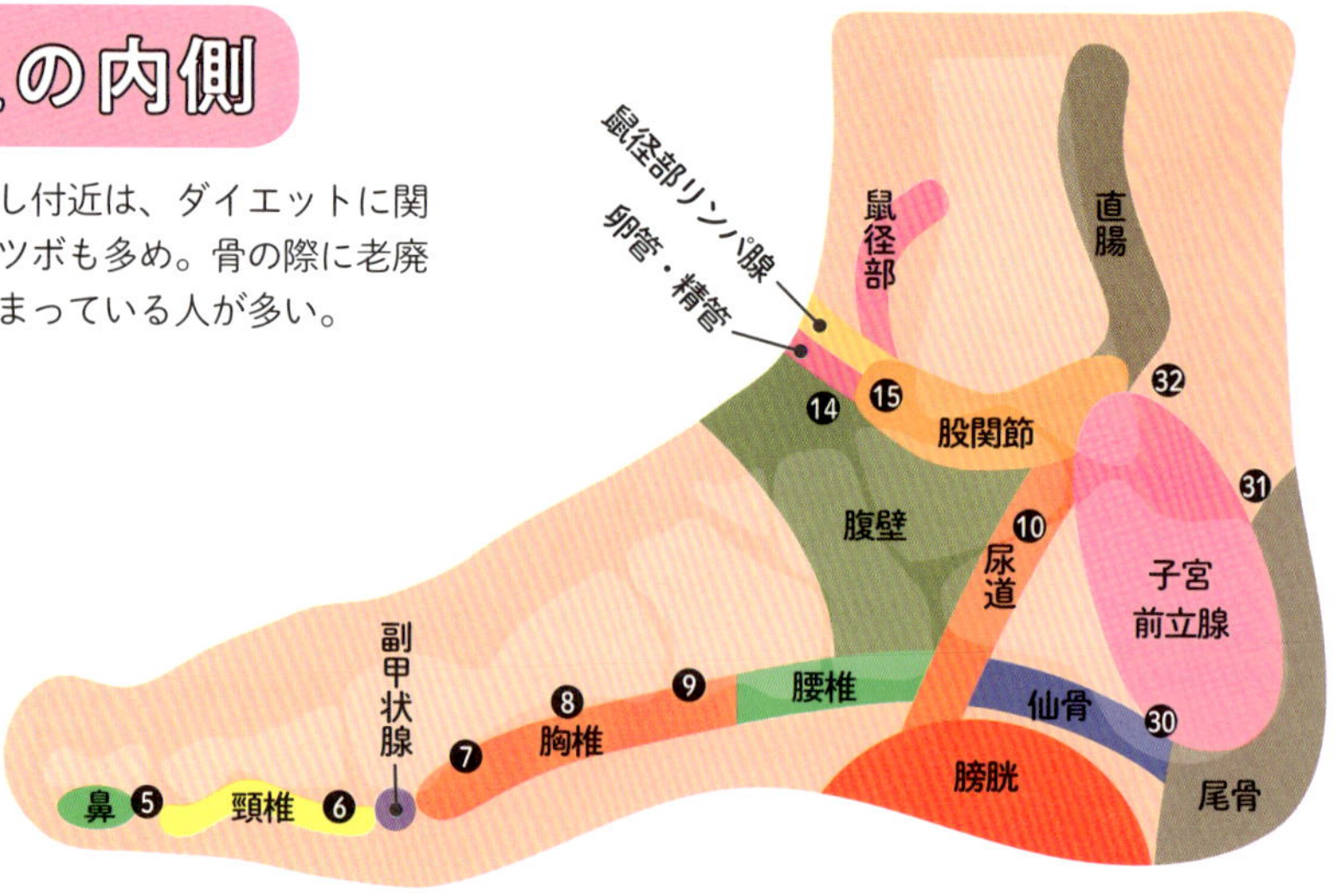

足の外側

身体が硬くて体勢を取るのが難しく、もみづらい場合はかっさ棒などを使うとGOOD。骨の際は、ゴリゴリ押さないでクリームを使い安定圧を心がけて。

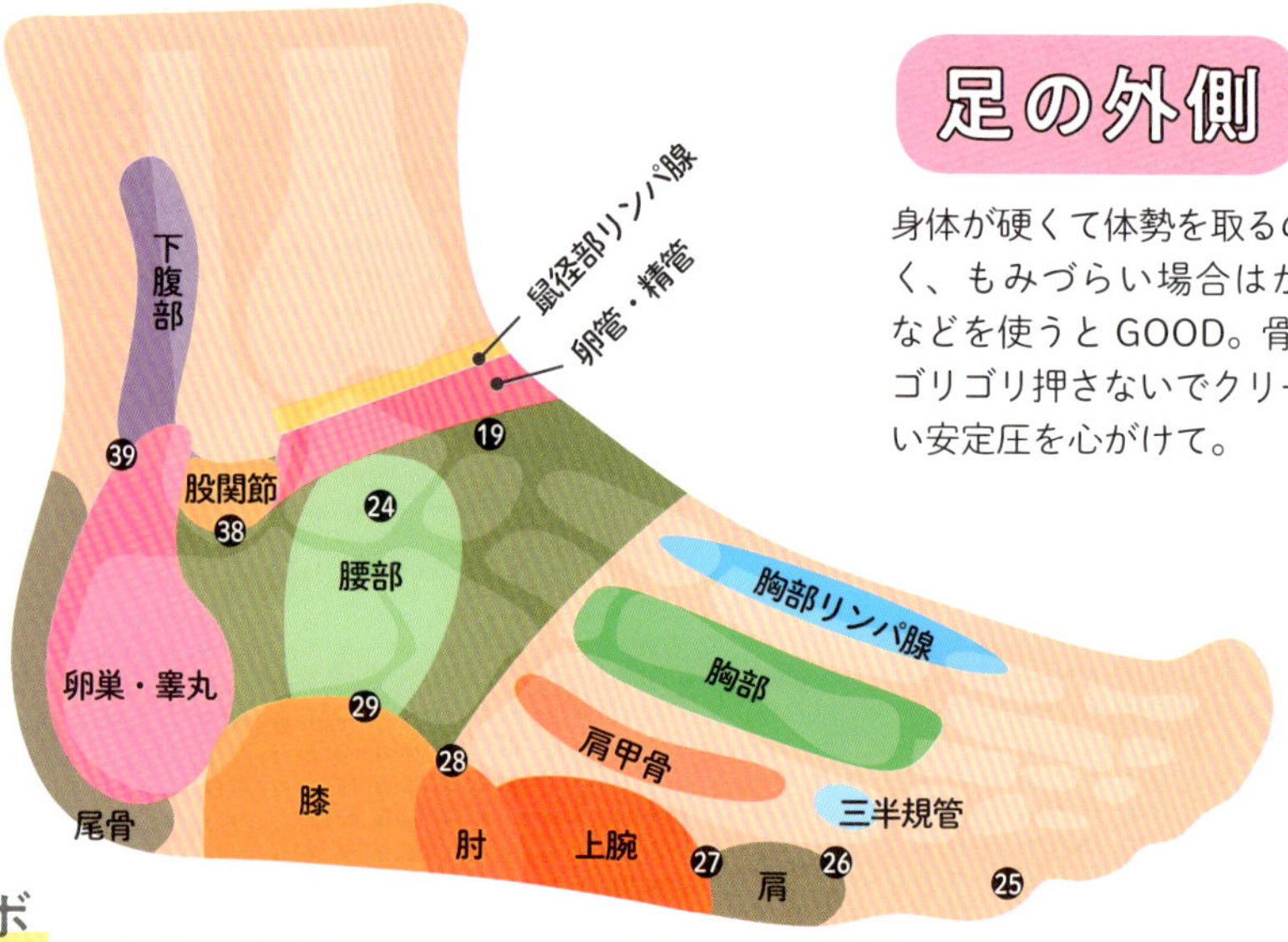

ツボ

❺ 隠白（いんぱく）　ノイローゼ・精神不安
❻ 大都（たいと）　お腹の不調
❼ 太白（たいはく）　胃の不調
❽ 公孫（こうそん）　消化不良
❾ 然谷（ねんこく）　膀胱炎
❿ 照海（しょうかい）　アレルギー
⓮ 中封（ちゅうほう）　生殖機能
⓯ 商丘（しょうきゅう）　関節炎・リウマチ
⓳ 解谿（かいけい）　関節炎
㉔ 丘墟（きゅうきょ）　腰痛・胆石
㉕ 至陰（しいん）　逆子
㉖ 通谷（つうこく）　頭痛
㉗ 束骨（そっこつ）　めまい
㉘ 京骨（けいこつ）　首痛
㉙ 金門（きんもん）　腰痛
㉚ 水泉（すいせん）　排尿障害
㉛ 大鐘（だいしょう）　ホルモンバランス
㉜ 太谿（たいけい）　腎臓疾患
㊳ 申脈（しんみゃく）　不眠
㊴ 崑崙（こんろん）　高血圧

下半身の前面

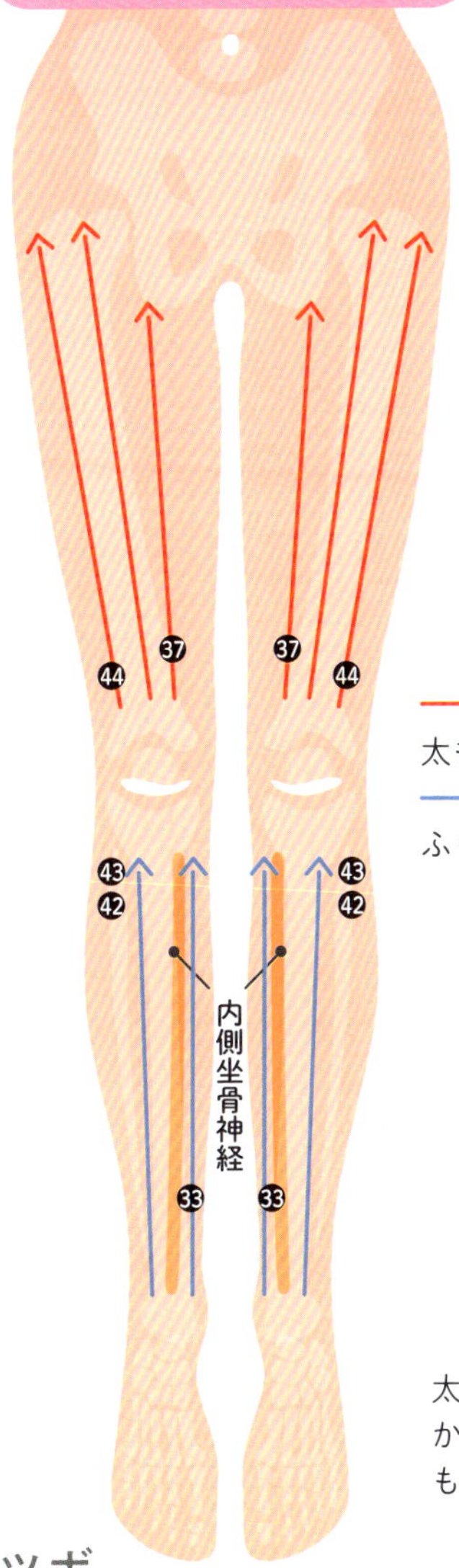

下半身の後面

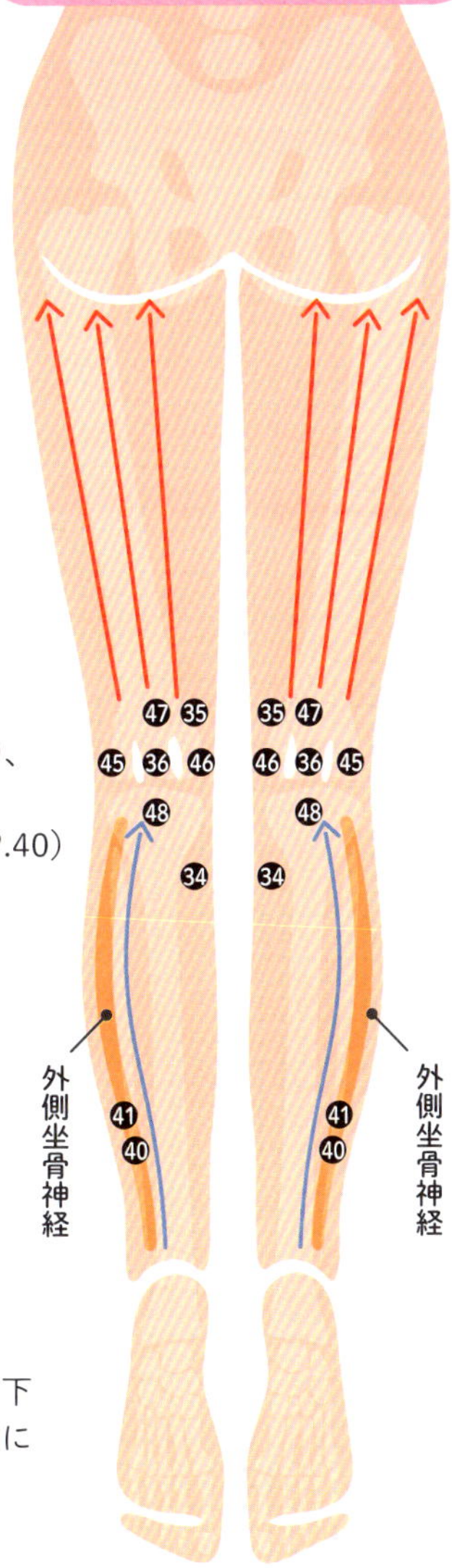

→は、
太もものもむ箇所（P.38）、
→は、
ふくらはぎのもむ箇所（P.40）

太ももやふくらはぎは、下から上へ向かって広範囲にもみほぐす。

ツボ

- ㉝三陰交（さんいんこう）　ホルモンバランス
- ㉞陰陵泉（いんりょうせん）　膝・腰痛
- ㉟曲泉（きょくせん）　膝の痛み
- ㊱委中（いちゅう）　腰痛
- ㊲血海（けっかい）　生理不順
- ㊵懸鐘（けんしょう）　麻痺
- ㊶陽輔（ようほ）　腰痛・膝痛
- ㊷三里（さんり）　胃の痛み
- ㊸陽陵泉（ようりょうせん）　痙攣・筋肉を緩める
- ㊹梁丘（りょうきゅう）　胃腸を正常にする
- ㊺委陽（いよう）　膝痛改善
- ㊻陰谷（いんこく）　生理不順、冷え性
- ㊼浮郄（ふげき）　便秘、膝関節炎
- ㊽合陽（ごうよう）　痔疾、坐骨神経痛

今日は○分！美脚プログラムの組み方

メインの足もみは全8種。正しいプログラムの組み方を確認して、いざ実践へ！

美脚プログラムは全8種。気になる箇所はどこですか？

O脚・X脚

日頃から正しく立つ姿勢がポイント！

→ P.50

内股・がに股

モデルの歩き方を目指してスタイル美人に！

→ P.52

太もも

下半身太りの一番の悩み。脱パンパン太もも！

→ P.38

ひざ小僧

年齢とともにどんどん大きく膨らむ箇所！

→ P.48

足首

憧れの「キュッ」とくびれたキレイな足首に。

→ P.44

ひざ裏

プヨプヨは全て老廃物。早めに除去を。

→ P.46

ふくらはぎ

第２の心臓をもんでスッキリむくみ知らずに。

→ P.40

アキレス腱

すらっと浮き出た美ラインを実現。

→ P.42

組み方のルールを覚え自分でカスタマイズを

足もみは、はじめに溜まった老廃物の移動を促す「毒素排泄力UP（P36）」からスタート。次に、メインとなる8種の美脚プログラムから気になっている箇所を選んでください。最後に、老廃物の排出を促す「デトックス（P54）」で完了します。

ただし、忙しい日はメインの美脚プログラムのみでもOK。その日の都合や体調と相談しながら、毎日続けることが大切です。

美脚プログラムの組み方

毒素排泄力 UP →美脚プログラム（本編）→デトックス。この流れをベースにチャレンジを！

楽しく続けられる！

毎日の10分コース

Before

毒素排泄力UP

両足 2 分

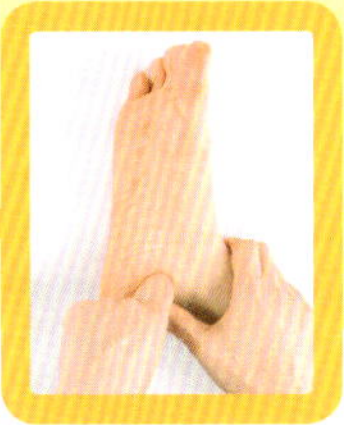

1

→P.36

Main

美脚プログラムから 2～3箇所を選択

両足 6 分

2

→P.38～53

After

デトックス

両足 2 分

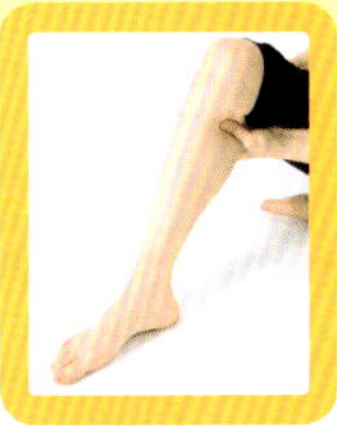

3

→P.54

より早く効果を出す

じっくり30分コース

Before

毒素排泄力UP

両足 5 分

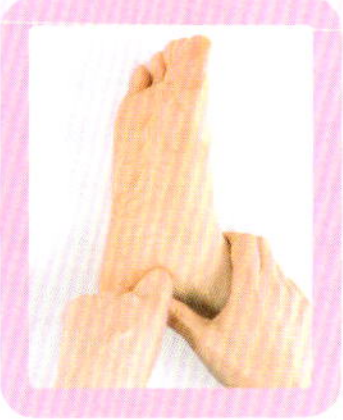

1

→P.36

Main

美脚プログラムの 全8箇所を全て

両足 20 分

2

→P.38～53

After

デトックス

両足 5 分

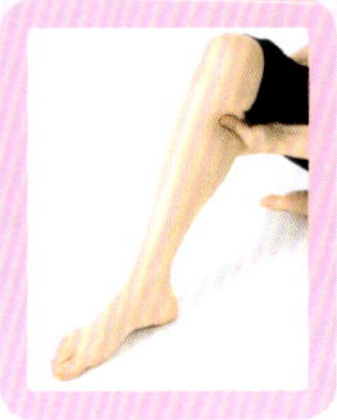

3

→P.54

忙しい日はこれだけ

時短の5分コース

Main

美脚プログラムから 1～2箇所を選択

両足 5 分

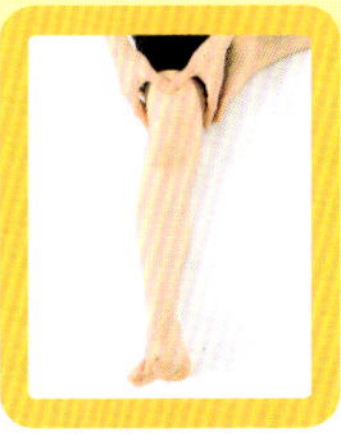

1

→P.38～53

組み方の一例として、10 分、30 分、5 分のコースを紹介しました。気になる箇所がたくさんある人は、30 分コースを行えばより、早く美脚効果が表れます。

理想の身体になれる！おすすめプラン

目標はどんな自分？ 自分が目指す理想の身体になるために、おすすめの美脚プログラムはコレ！

「スキニーパンツをカッコよく着こなしたい」人は

太もも集中プラン

シルエットがはっきり映るパンツをカッコよく履きこなしたい！ ほっそりとした太ももを手に入れたい人へ。

おすすめ箇所

- 太もも　→ P.38
- ひざ裏　→ P.46
- O脚・X脚　→ P.50

「ひざ丈スカートのおしゃれを楽しみたい」人は

ひざ下集中プラン

女性らしさが際立つスカートには、華奢でキレイな足がお似合い。魅力的なひざ下を手に入れたい人へ。

おすすめ箇所

- ふくらはぎ　→ P.40
- 足首　→ P.44
- ひざ小僧　→ P.48

「全体的にメリハリのある脚長美人になりたい」人は

下半身全体プラン

ほっそりと長く、足首にくびれのある美脚は永遠の憧れ。太もも＋ひざ下を同時にやせたい向上心の高めな人へ。

おすすめ箇所

- 太もも → P.38
- アキレス腱 → P.42
- ひざ裏 → P.46

「脱シルエットブス！美姿勢になりたい」人は

姿勢改善プラン

現代人に多いO脚・X脚、内股・がに股…。単に細いだけではなく、形から美脚を叶えたい人へ。

おすすめ箇所

- ふくらはぎ → P.40
- O脚・X脚 → P.50
- 内股・がに股 → P.52

メインに入る前にまずこれを！

毒素排泄力UP

部位別のプログラムを始める前に、全身の代謝機能を活性化させます。
スライドは、クリームをつけながら行いましょう。

A

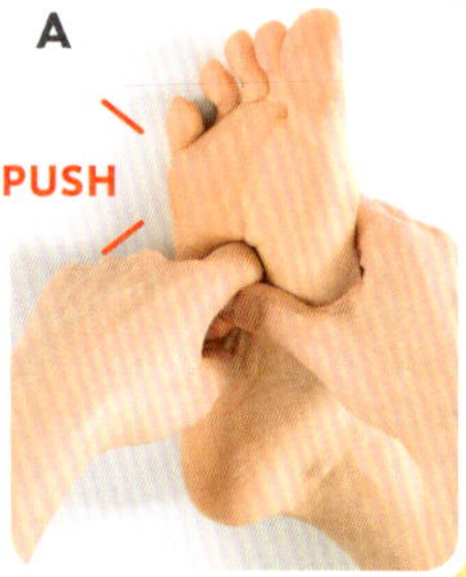

詳しく解説！

腎臓の反射区を鋭角でプッシュ

鋭角（深め）で硬いところ、ジャリジャリするところに３秒間の安定圧をかける。

B

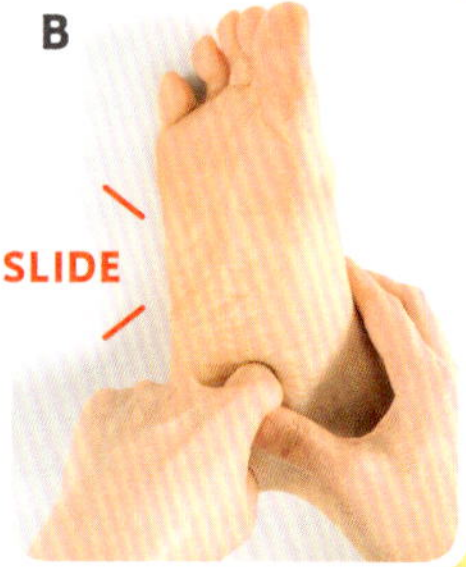

輸尿管の反射区を鋭角でスライド

腎臓と膀胱の反射区を斜めにつなぐラインを、一方通行ですべらせていく。老廃物を押し流すイメージで。

C

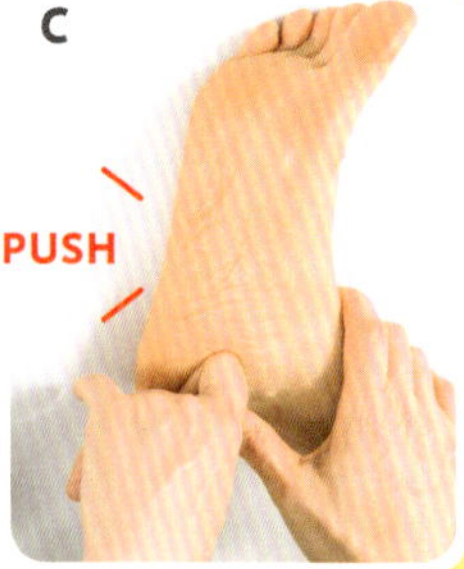

膀胱の反射区を鋭角でプッシュ

硬いところにイタ気持ちいい圧で３秒間の安定圧をかける。

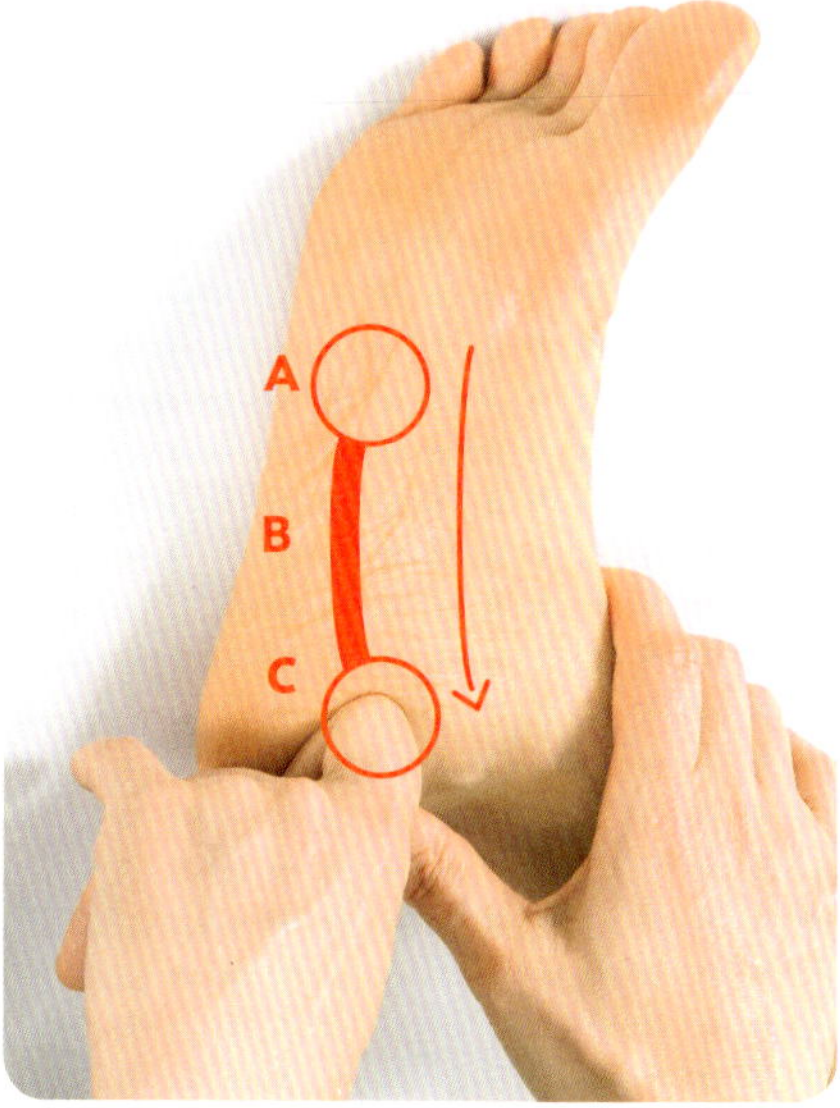

腎臓、輸尿管、膀胱の反射区を刺激する

３つの反射区を順番に刺激し、体のデトックス機能を呼び覚ます。A～Cを１セットとし、２～３回繰り返す。

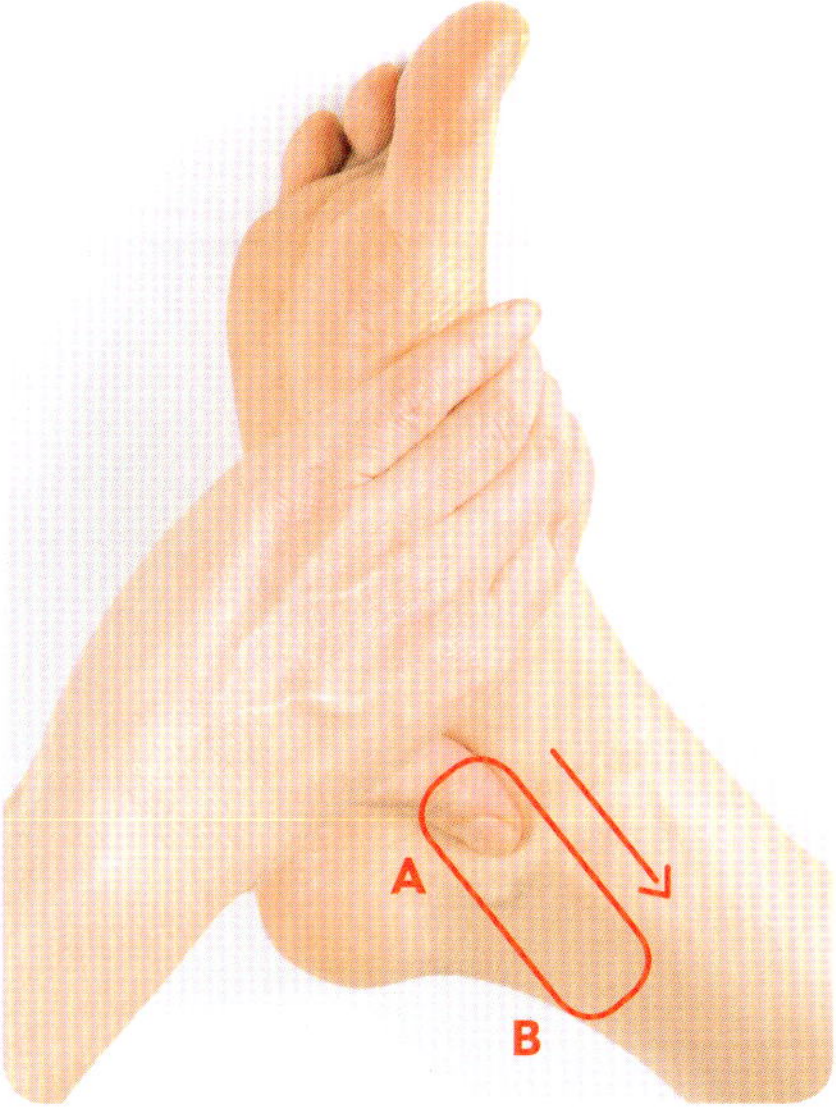

尿道の反射区を親指で刺激する

内側くるぶしの下に親指の腹をつける。アキレス腱に向かって老廃物を押し流す。2～3回繰り返す。

詳しく解説！

A

くるぶし下の際の部分を親指でプッシュ

親指の腹を、尿道の反射区（くるぶし下の際の部分）に当てる。

B

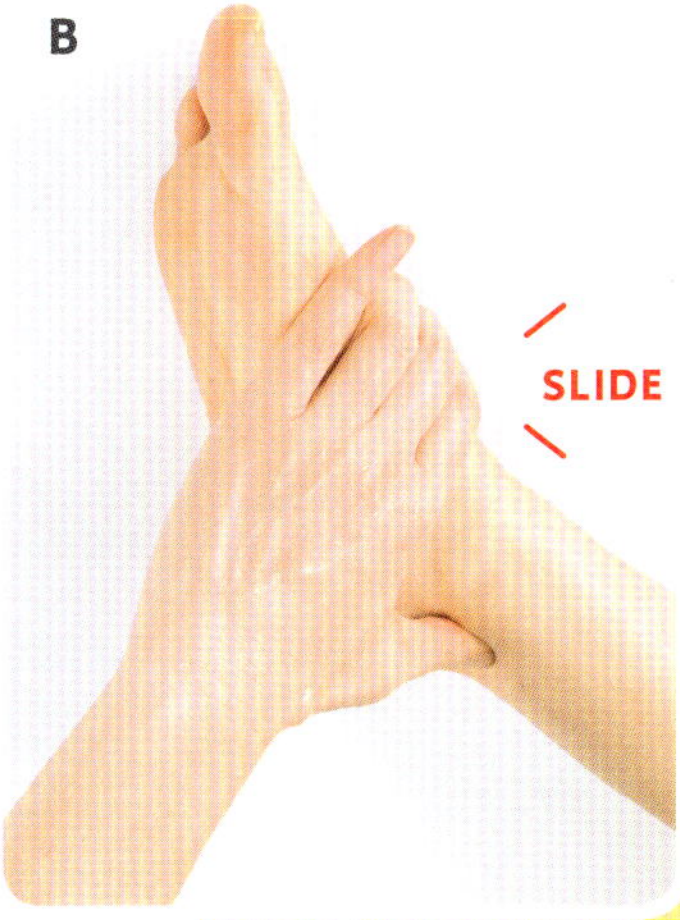

アキレス腱に向かって親指でスライド

老廃物を押し出すように親指の腹をすべらせる。

美脚プログラム 1

下半身太りの悩みの種

太もも

パンパンに張った太もも前面、プヨプヨなお肉が気になる太もも後面。下半身太りの原因となる大きな悩みの種をほぐして解消しましょう。

ここをもむ！

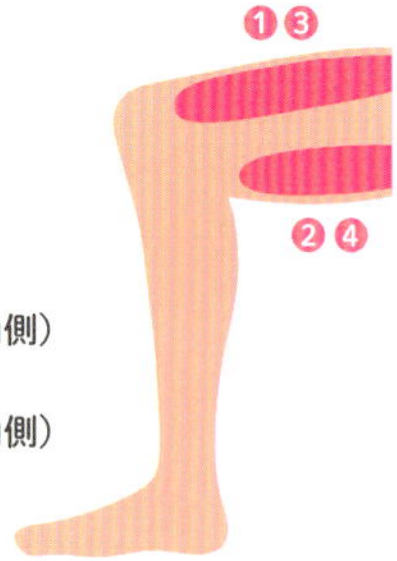

❶❸ 太もも前面
（中央・外側・内側）
❷❹ 太もも後面
（中央・外側・内側）

太もも前面（中央・外側・内側）

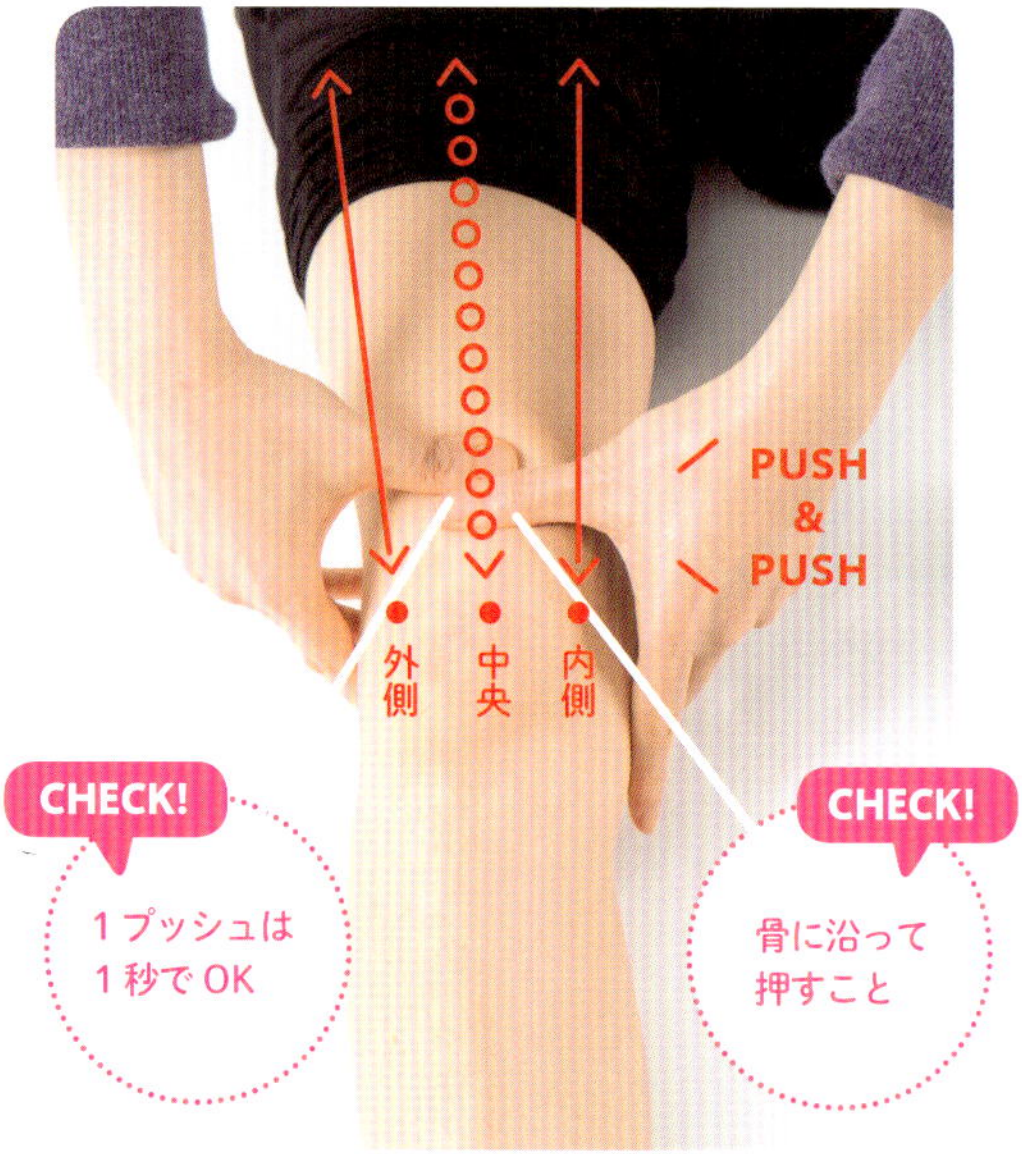

1 ひざ上から足のつけ根（そけい部）に向かって両親指でプッシュ

親指を指幅分ずつずらし、つけ根までイタ気持ちいい圧で押して往復する。外側、内側も同様に行う。（もむラインはP.31参照）

太もも後面（中央・外側・内側）

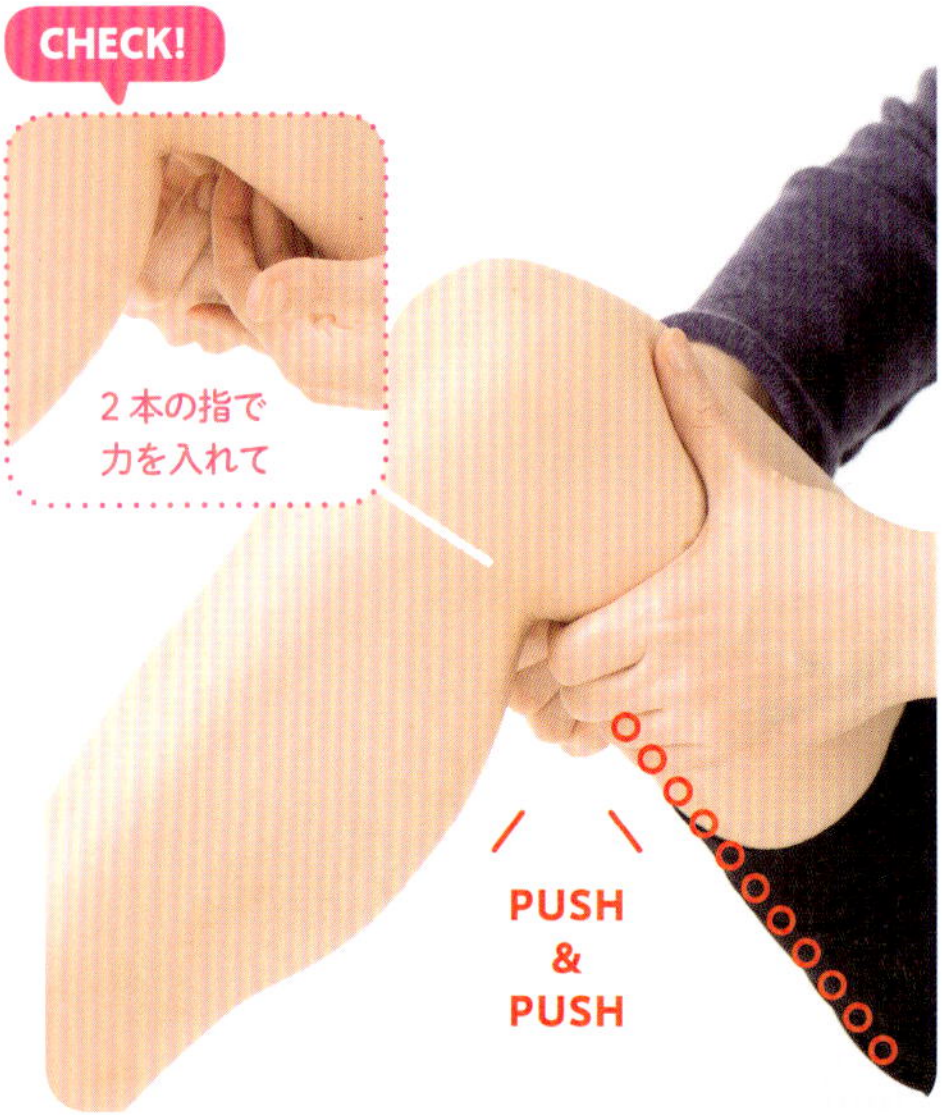

2 太ももの裏側を中指と薬指でプッシュ

両手2本ずつの指を使ってイタ気持ちいい圧で押し、往復する。外側と内側も同様に行う。（もむラインはP.31参照）

and MORE

さらにチャレンジ!

そけい部をプッシュ

そけい部の流れが滞ると、下半身に老廃物が溜まりやすい。中指と薬指の指先をそけい部にあて、脈を感じとったら５秒間優しく押して。下半身のリンパの働きが活性化される。

太もも後面（中央・外側・内側）

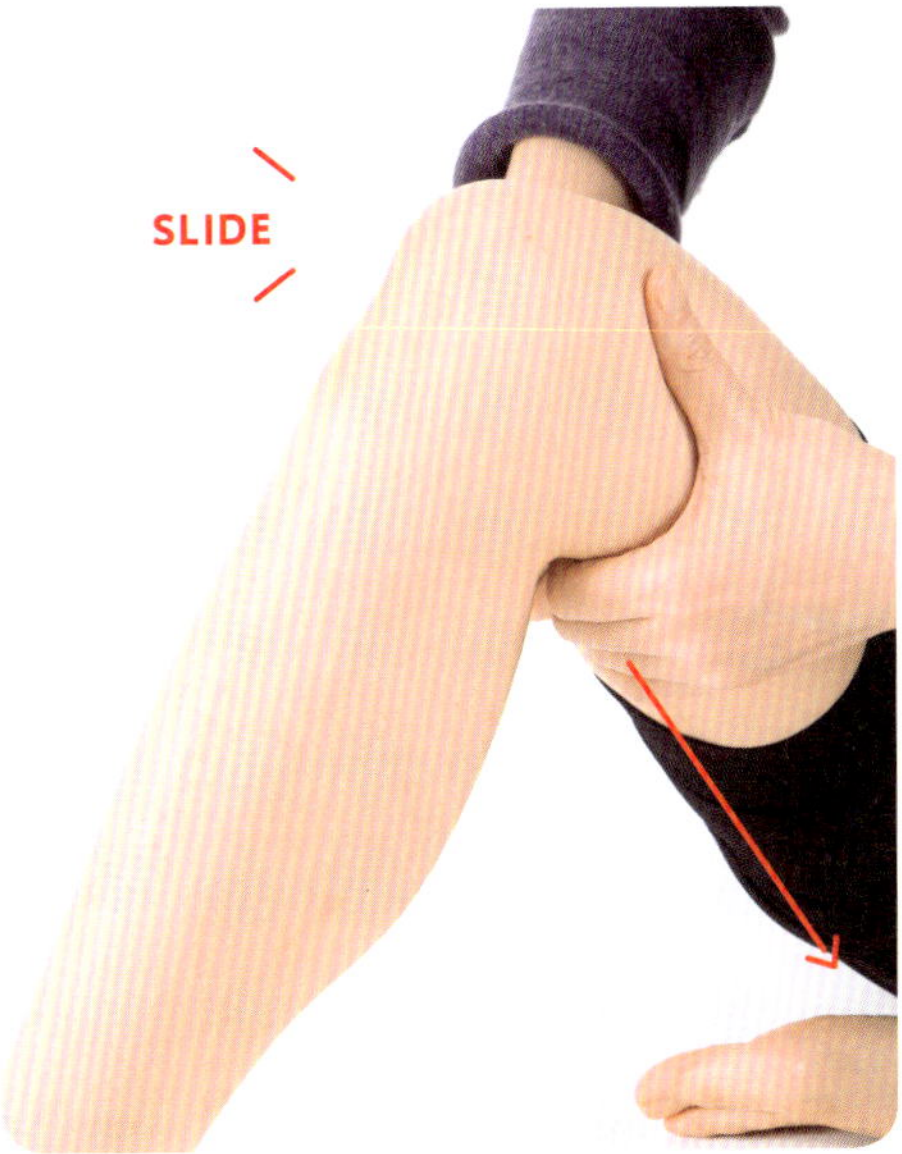

4

太ももの裏側を中指と薬指でスライド

ひざ裏から、お尻のつけ根に向かって老廃物を押し流す。３列を３回ずつ行う。

太もも前面（中央・外側・内側）

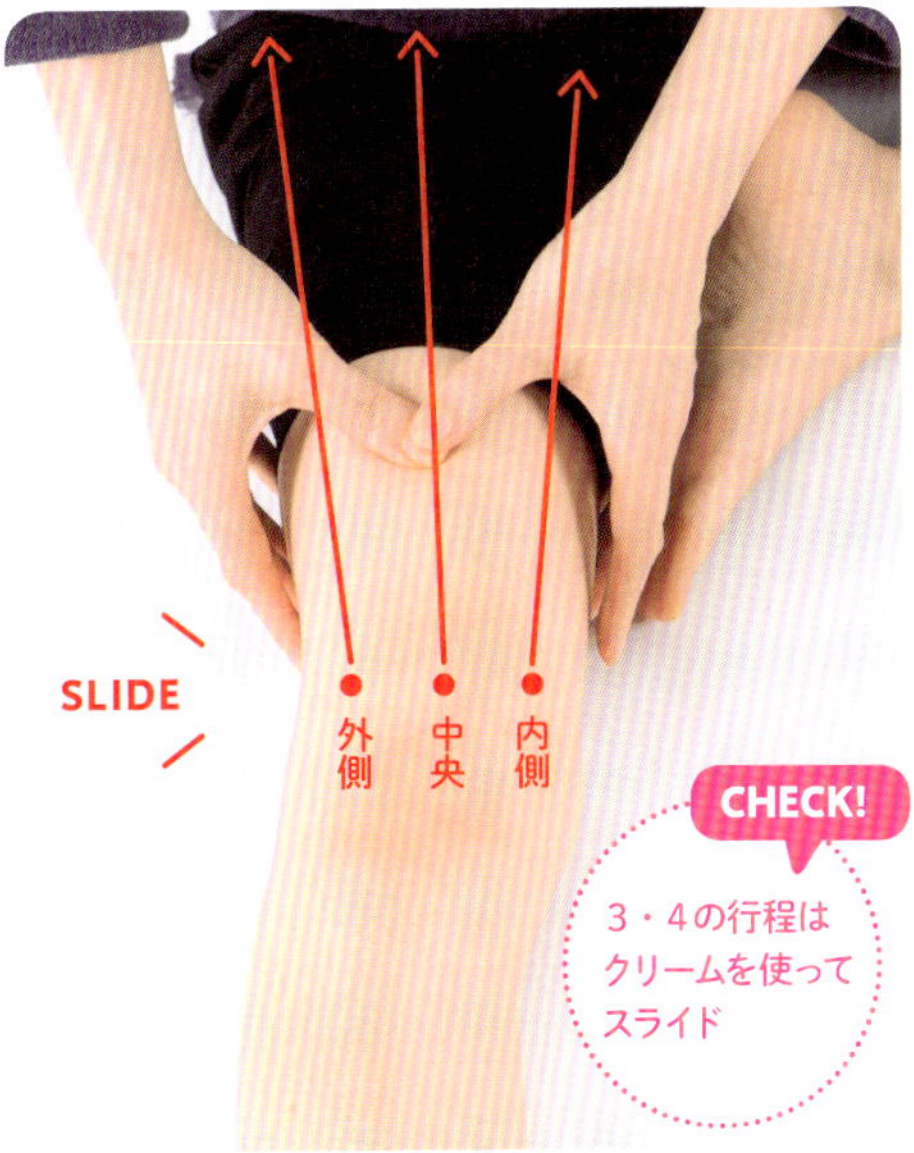

CHECK!

３・４の行程はクリームを使ってスライド

3

ひざ上から足のつけ根（そけい部）に向かって両親指でスライド

老廃物を押し流すイメージで、骨のラインに沿ってすべらせる。中央、外側、内側の順に、３列を３回ずつ行う。

美脚プログラム 2

老廃物が溜まると一番目立つ！

ふくらはぎ

夕方になると足がパンパンで辛い…。そんな人も、“第２の心臓”であるふくらはぎを正しくもんで、スッキリむくみ知らずに！

ここをもむ！

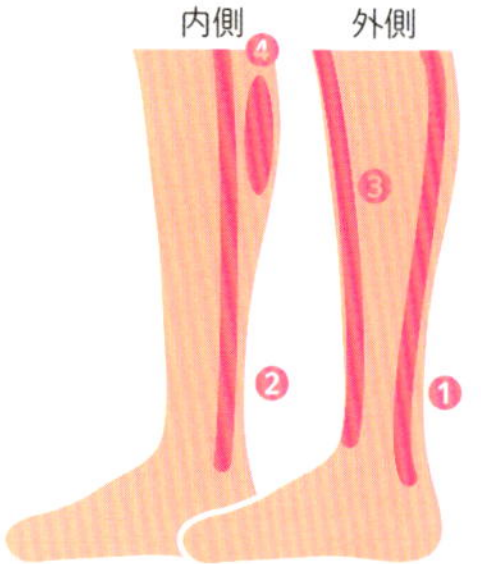

内側
外側
4
3
2
1

❶ 外側坐骨神経
❷ 内側坐骨神経
❸ むこうずね
❹ ふくらはぎ内側

外側坐骨神経

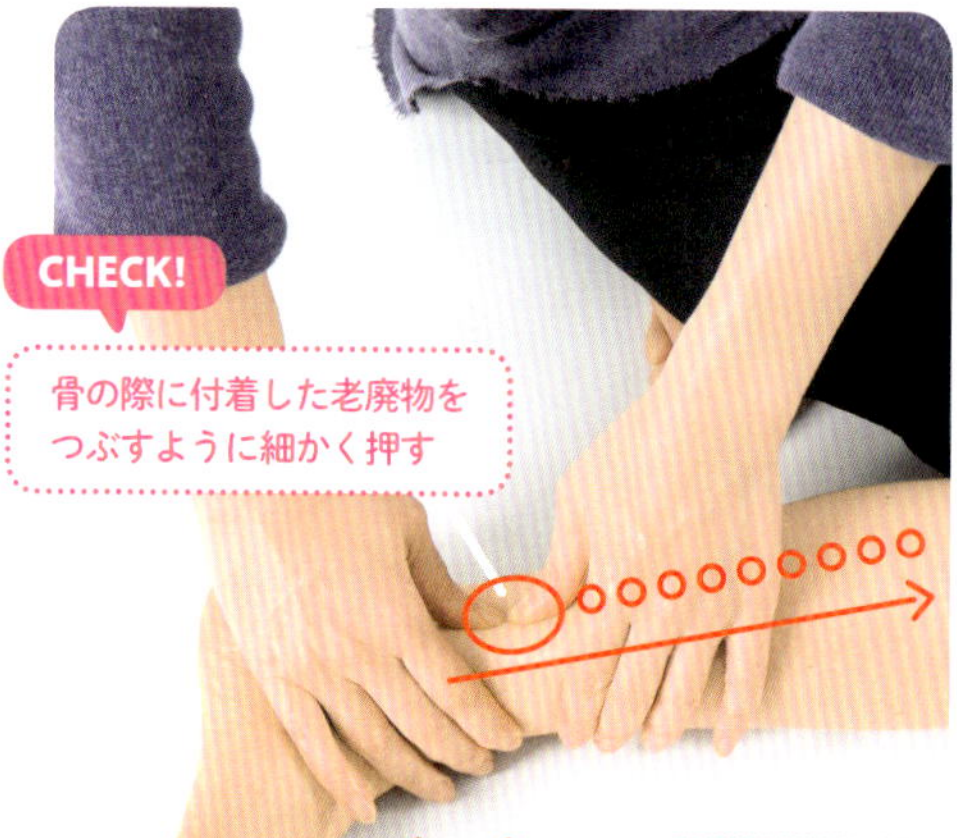

CHECK!
骨の際に付着した老廃物をつぶすように細かく押す
PUSH & SLIDE

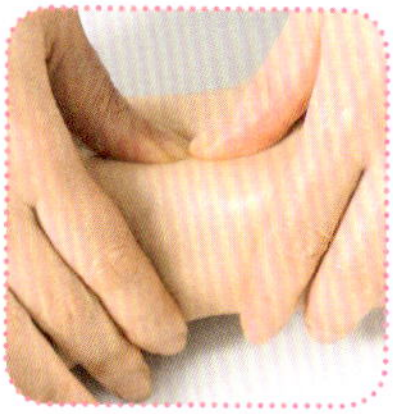

1 外側くるぶしから
両親指でプッシュ＆スライド

外側くるぶしの真上斜め 45 度後ろ側。両親指を骨に沿わせながらひざに向かって押していく。その後、同じラインを流す。スライドはクリームを使って。（もむラインは P.31 参照）

内側坐骨神経

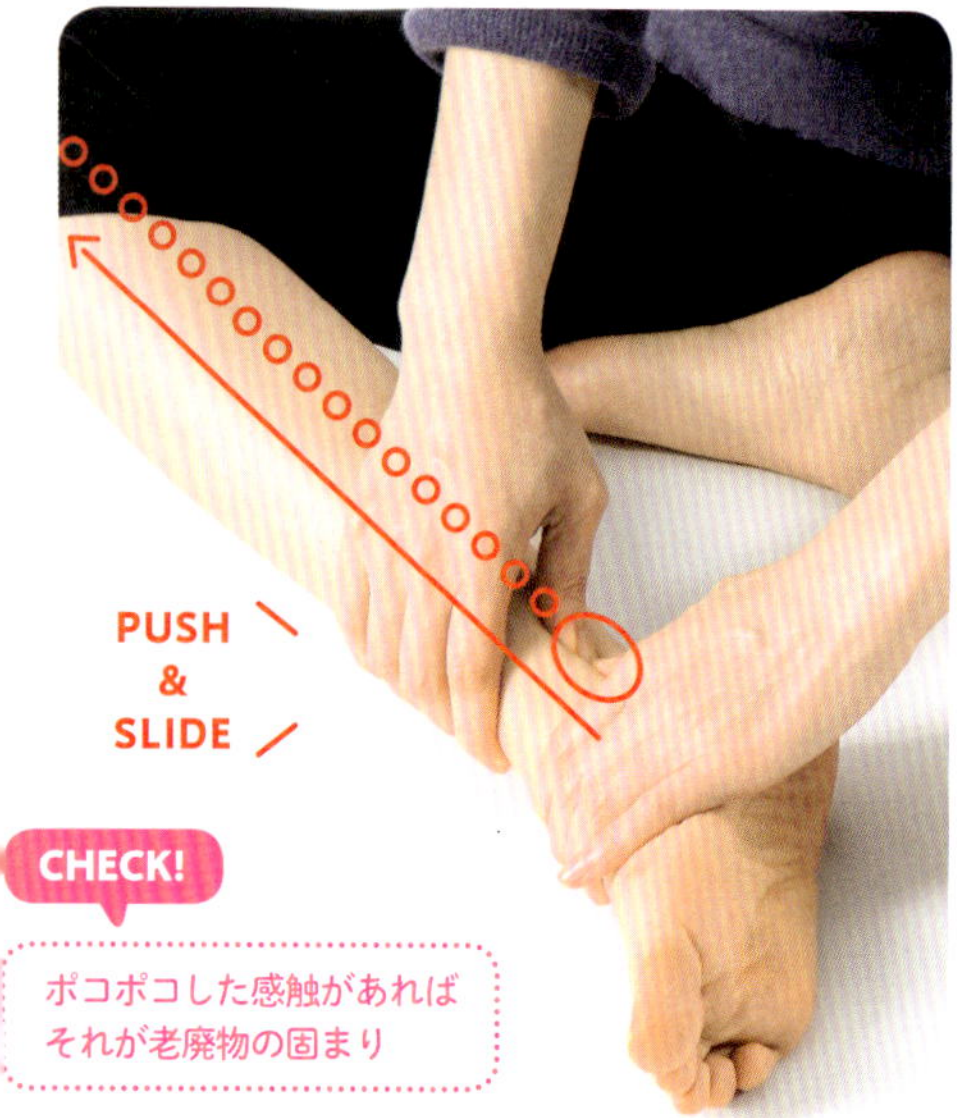

PUSH & SLIDE
CHECK!
ポコポコした感触があればそれが老廃物の固まり

2 内側くるぶしから
両親指でプッシュ＆スライド

内側くるぶしの真上斜め 45 度後ろ側。骨の際に沿って老廃物をつぶすようにひざに向かって押していく。その後、クリームを使って同じラインを流す。（もむラインは P.31 参照）

and MORE

さらにチャレンジ!

硬いところは３秒押す

硬いところを見つけたら、親指で３秒間の安定圧をかける。グリグリ押さずに、全身に響かせるように、流れるように押すのが効果倍増の秘訣！

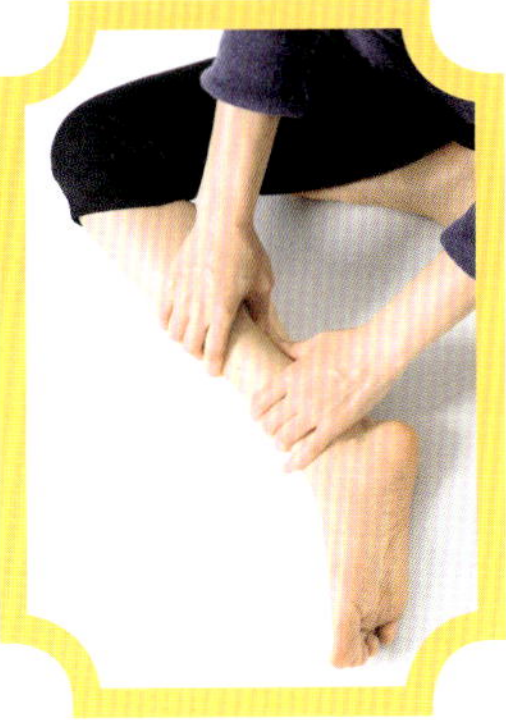

むこうずね

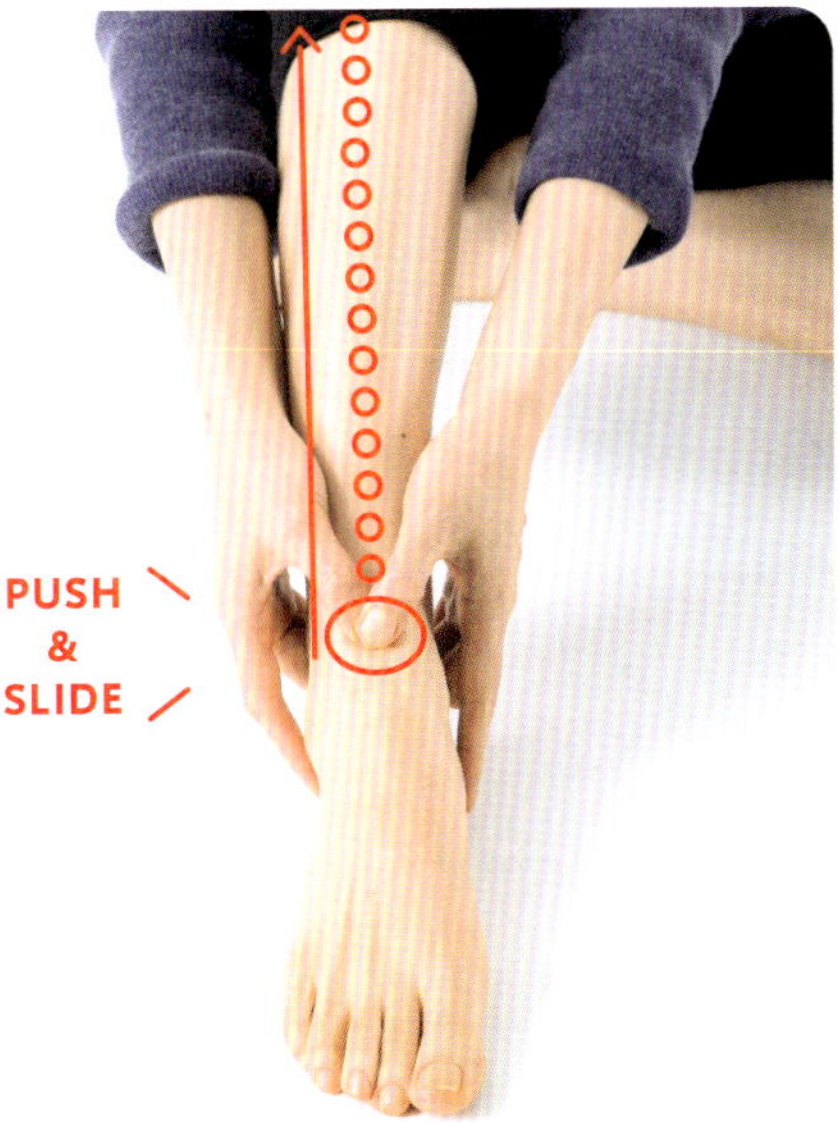

3 むこうずねを 両親指でプッシュ＆スライド

すねの真ん中を足首からひざ下に向けて、両親指の指幅分をずらしながらイタ気持ちいい圧で押す。その後、クリームを使って同じラインを流す。（もむラインはP.31参照）

ふくらはぎ内側

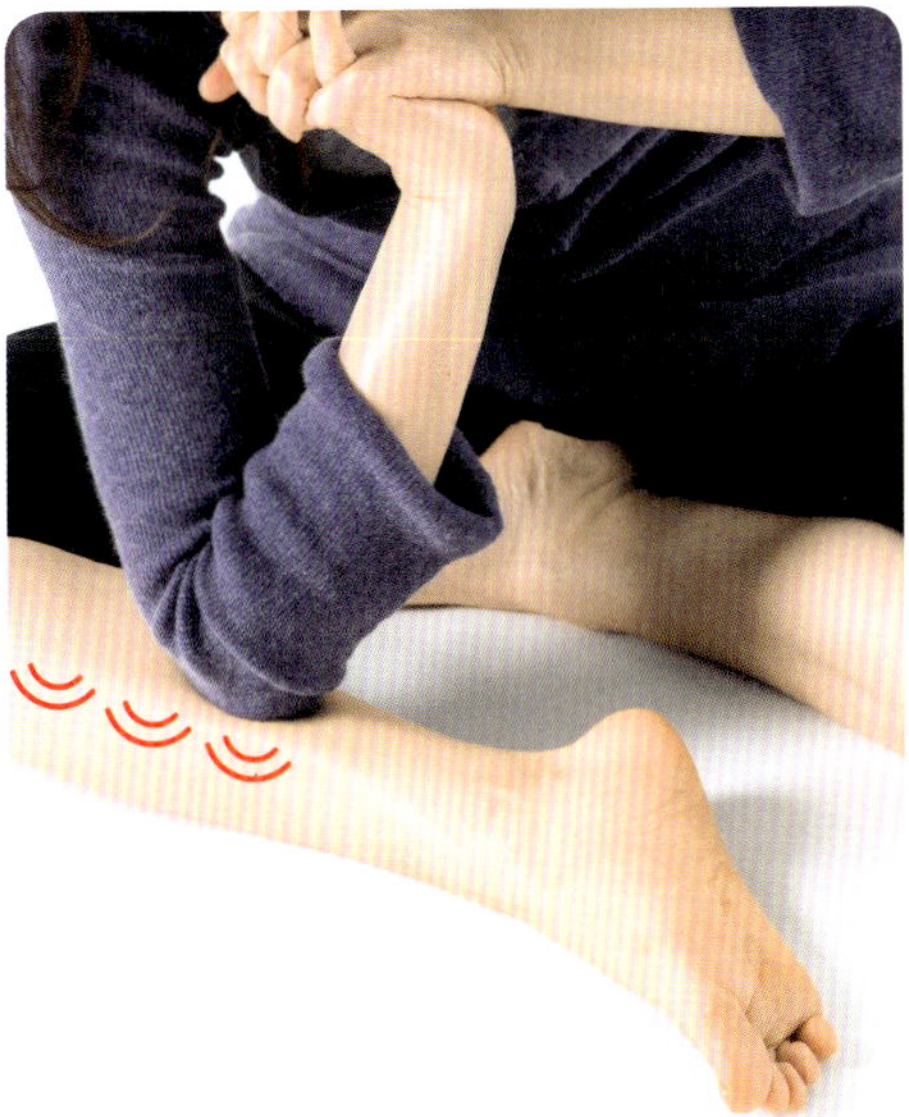

4 ふくらはぎを ひじでほぐす

胡坐をかき、ひじを使い体重を乗せながら、柔らかくなるまで押しほぐす。

美脚プログラム **3**

クッキリ浮き出たラインが理想

アキレス腱

アキレス腱のスジがまったく見えないぽっちゃり足でお悩みの人！ もみ続けると、夢の「アキレス腱ライン」が浮かび上がってきます。

ここをもむ！

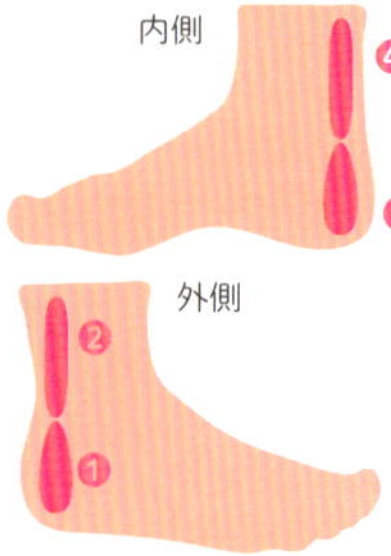

❶ 卵巣の反射区
❷ 下腹部の反射区
❸ 子宮の反射区
❹ 直腸の反射区

卵巣の反射区

CHECK!

ここは骨!? というくらい硬いので細かく押していく

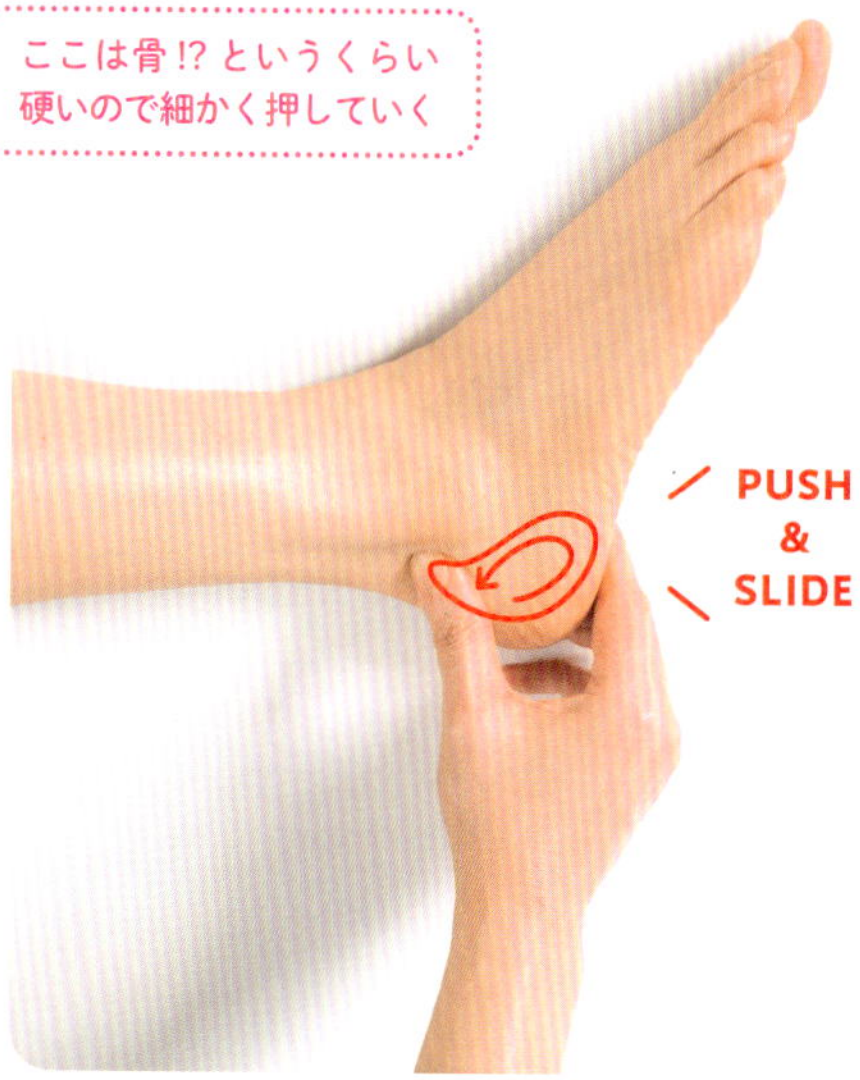

1 卵巣の反射区を親指でプッシュ＆スライド

外側くるぶしのかかと横にある。しずく型を意識して3秒間の安定圧で順番に押す。その後、クリームを使ってブチブチと流していく。

下腹部の反射区

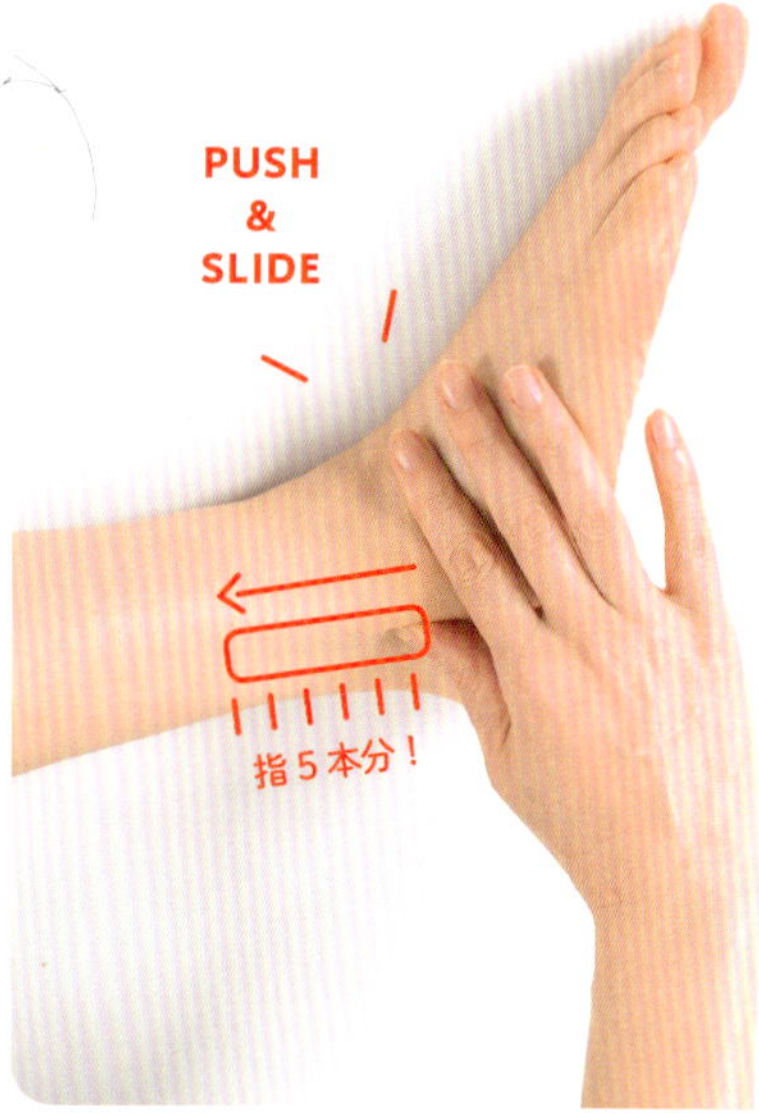

2 下腹部の反射区を親指でプッシュ＆スライド

外側くるぶしの真上斜め45度後ろ側から、骨の際にくい込ませるようにして指5本分上まで押して、クリームを使って流す。

and MORE

さらにチャレンジ!

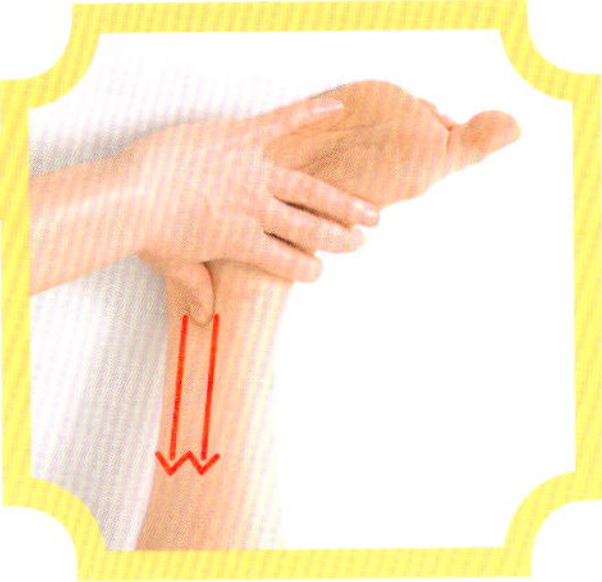

2列を刺激してむくみ解消!

アキレス腱の際と骨の上に溜まっている老廃物が、足首のむくみの原因。この2列のラインを指5本分上まで親指で丁寧にプッシュ＆スライド。

子宮の反射区

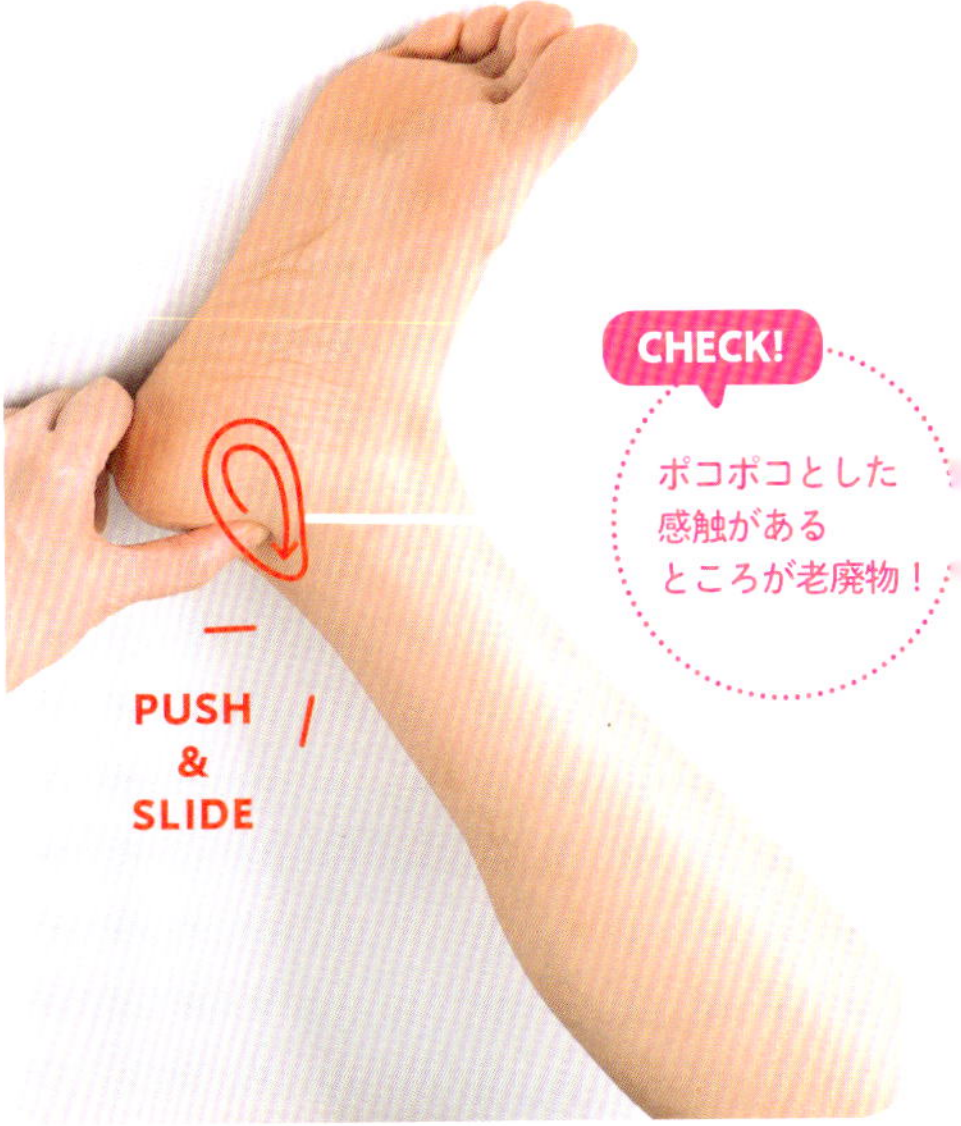

3 子宮の反射区を親指でプッシュ＆スライド

内側くるぶしのかかと横にある。しずく型を意識して3秒間の安定圧で順番に押す。その後、クリームを使ってブチブチと流していく。

直腸の反射区

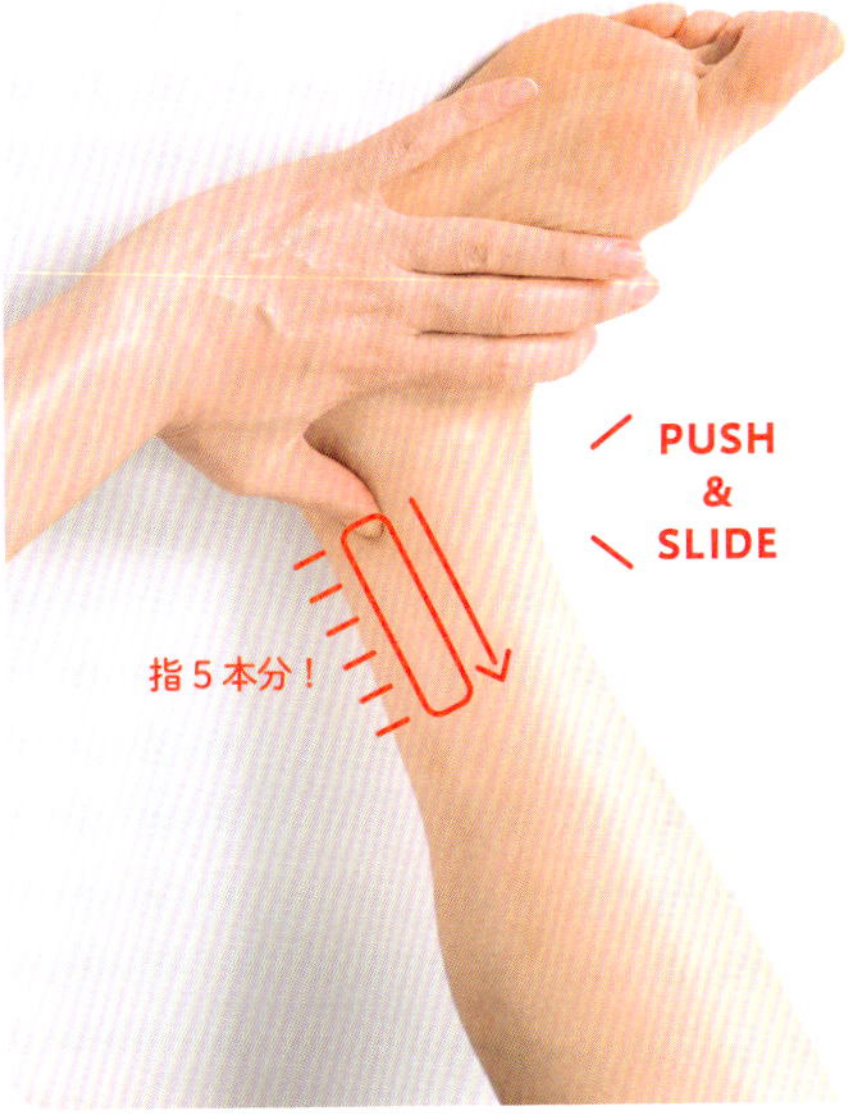

4 直腸の反射区を親指でプッシュ＆スライド

内側くるぶしの真上斜め45度後ろ側から、骨の際にくい込ませるようにして指5本分上まで押して、クリームを使って流す。

美脚プログラム 4

くびれたラインを取り戻す

足首

むくんで“くびれ”のない足首から、いつかはキュッと締まった足首に変わりたい…。そんな願いを叶える、足首マッサージです。

ここをもむ!

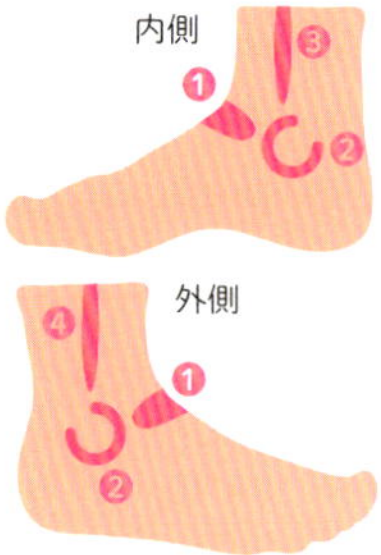

1. 卵巣・精管、そけい部リンパ腺の反射区
2. 外側くるぶし・内側くるぶしの周り
3. 脛骨（けいこつ）の横
4. 腓骨（ひこつ）の横

卵巣・精管、そけい部リンパ腺の反射区

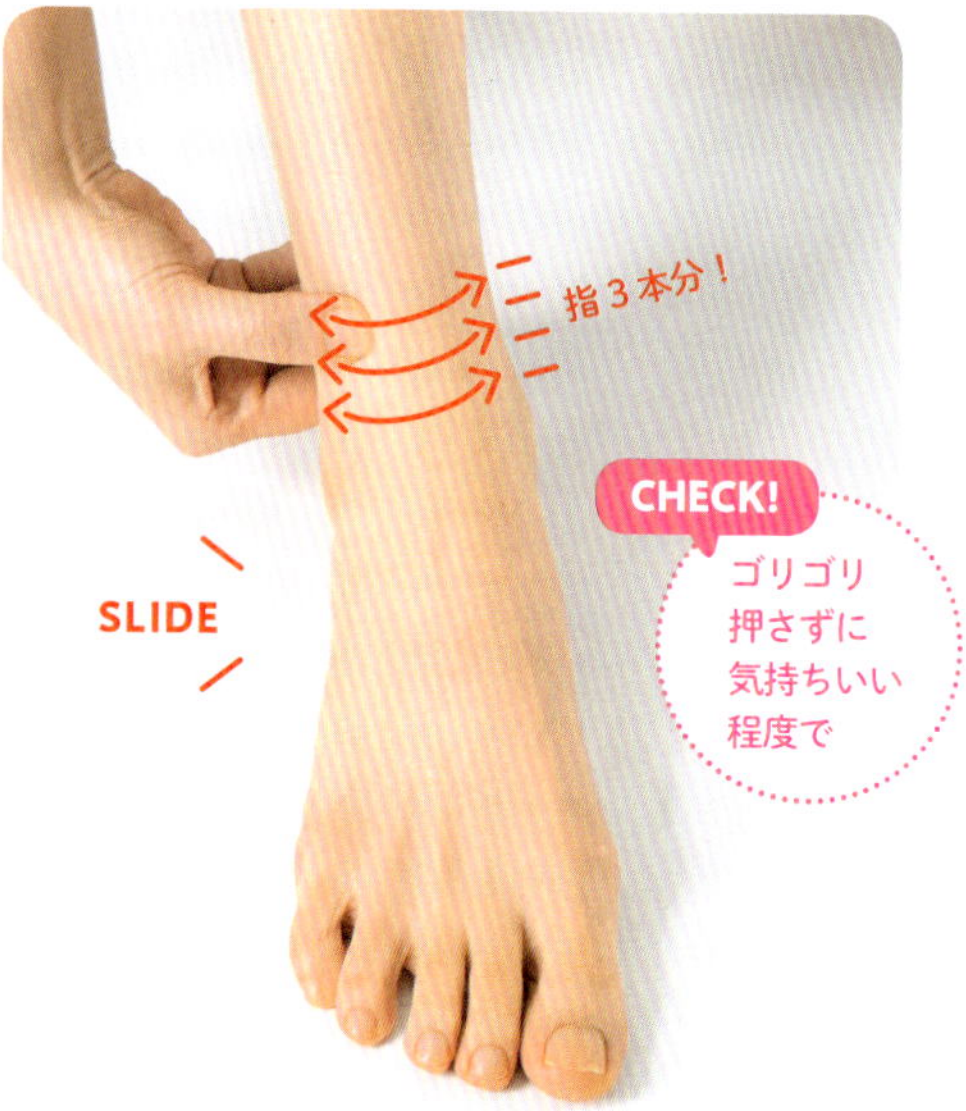

1 卵巣・精管、そけい部リンパ腺の反射区を親指でスライド

足首のつけ根前面にある。クリームですべらせながら3往復する。

外側くるぶし、内側くるぶしの周り

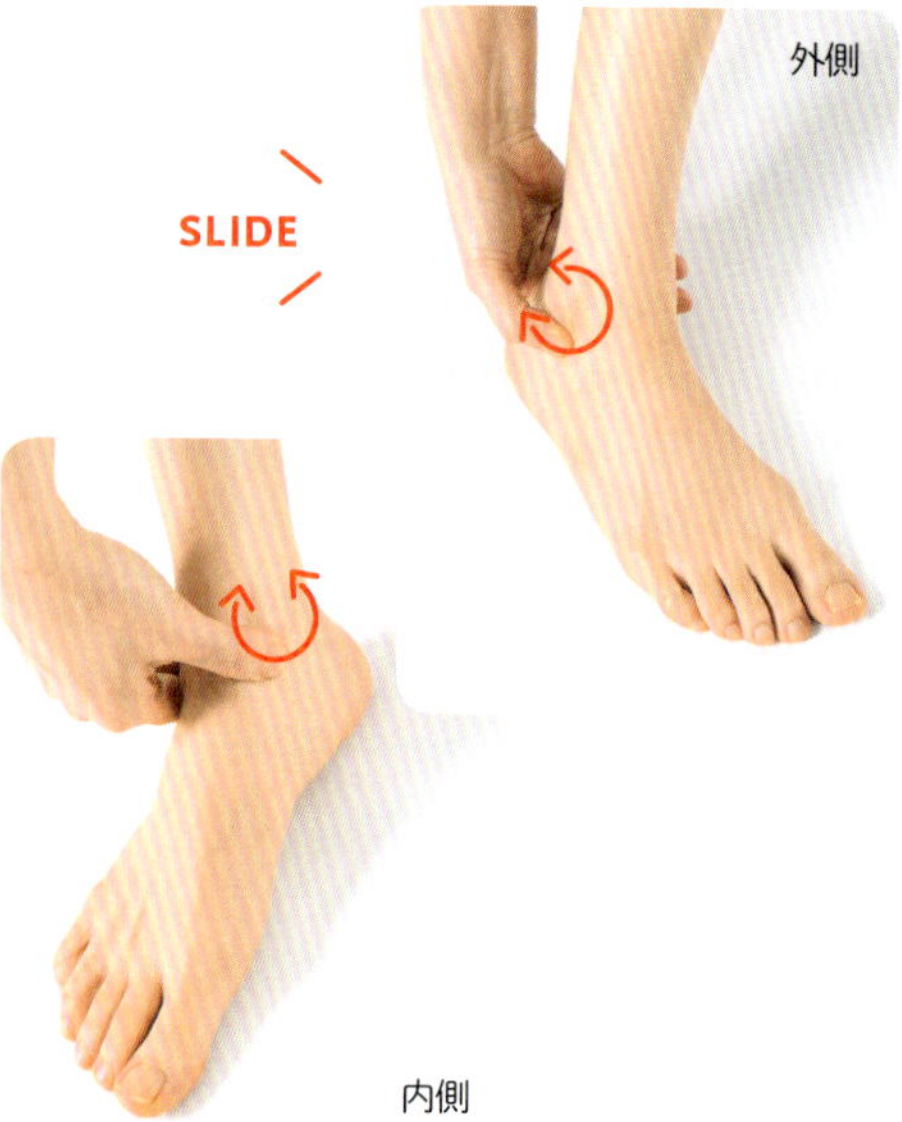

2 外側・内側くるぶしの周りを親指でスライド

くるぶしの骨の際の周りを、老廃物を押し流すように各3往復。クリームですべらせながら行うこと。

and MORE

さらにチャレンジ!

足首の前面を
プッシュ＆スライド

脛骨と腓骨の間をプッシュ＆スライド。指５本分上へ、クリームを使って老廃物をブチブチと追い出すように丁寧にほぐす。

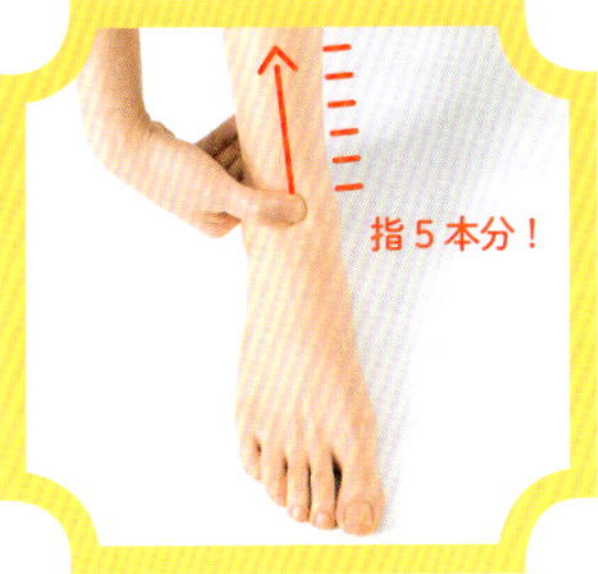

脛骨(けいこつ)の横

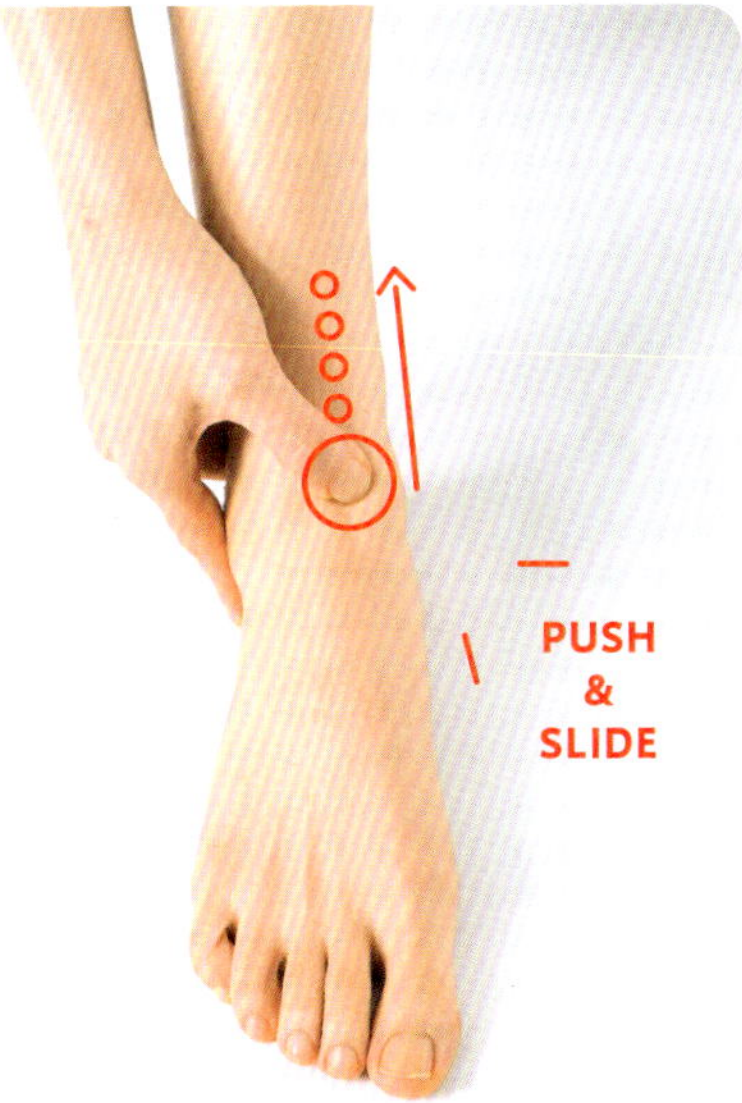

3 脛骨の際を親指で プッシュ＆スライド

骨の際を親指を使ってイタ気持ちいい圧で押す。その後、クリームを使って老廃物を流すように指をすべらせる。

腓骨(ひこつ)の横

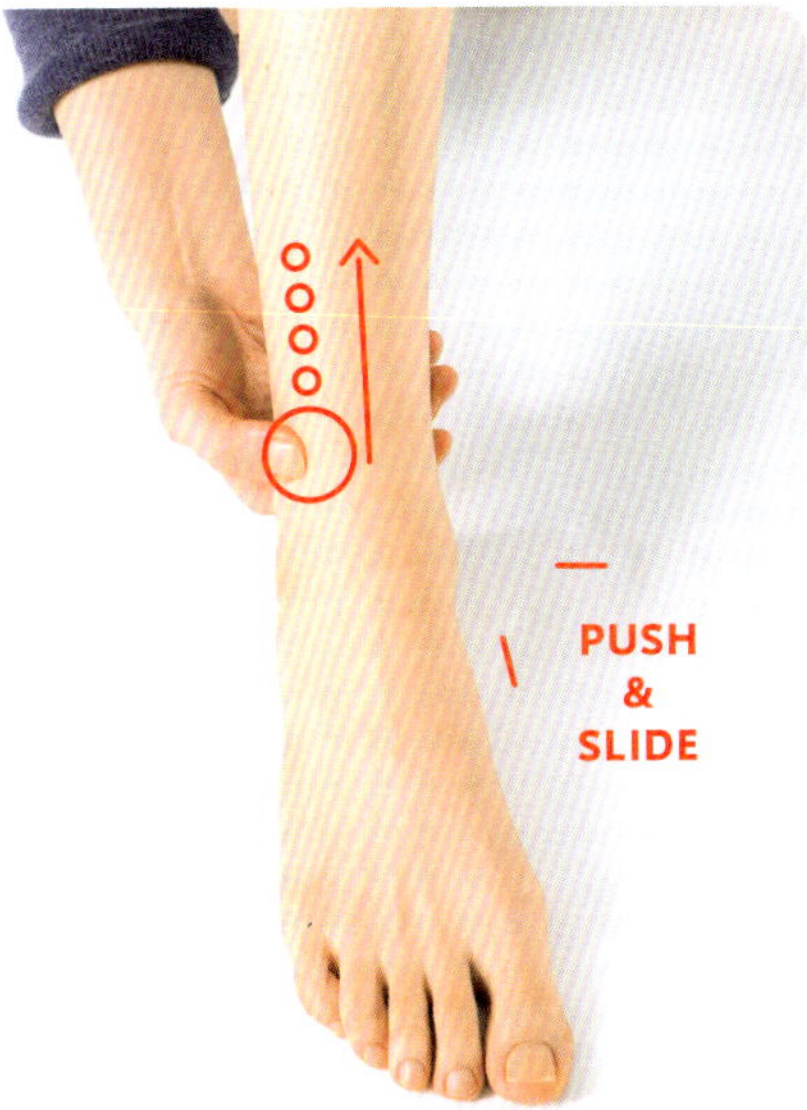

4 腓骨の際を親指で プッシュ＆スライド

骨の際を親指を使ってイタ気持ちいい圧で押す。その後、クリームを使ってこびりついている老廃物をつぶすようにして流す。

ポッコリ浮き出たお肉にサヨナラ

ひざ裏

ひざ裏がポッコリ、プヨプヨしている人は老廃物が溜まっている証拠。ひざ裏をスッキリさせて、キレイな「ひざ美人」を目指しましょう。

ここをもむ！

ひざ後面

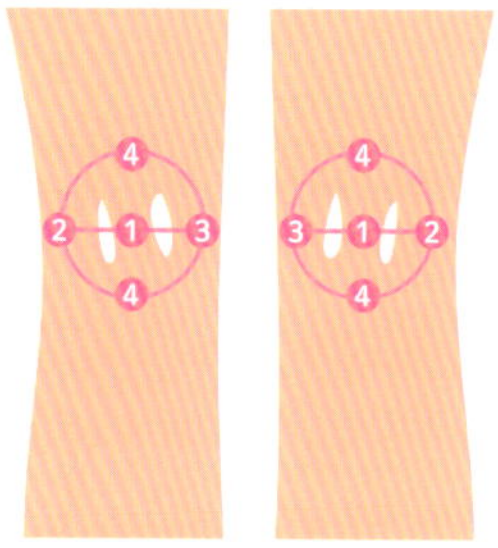

1. 委中（いちゅう）のツボ
2. 委陽（いよう）のツボ
3. 陰谷（いんこく）のツボ
4. 浮郄（ふげき）・合陽（ごうよう）のツボ

委中のツボ（ひざ裏の中央）

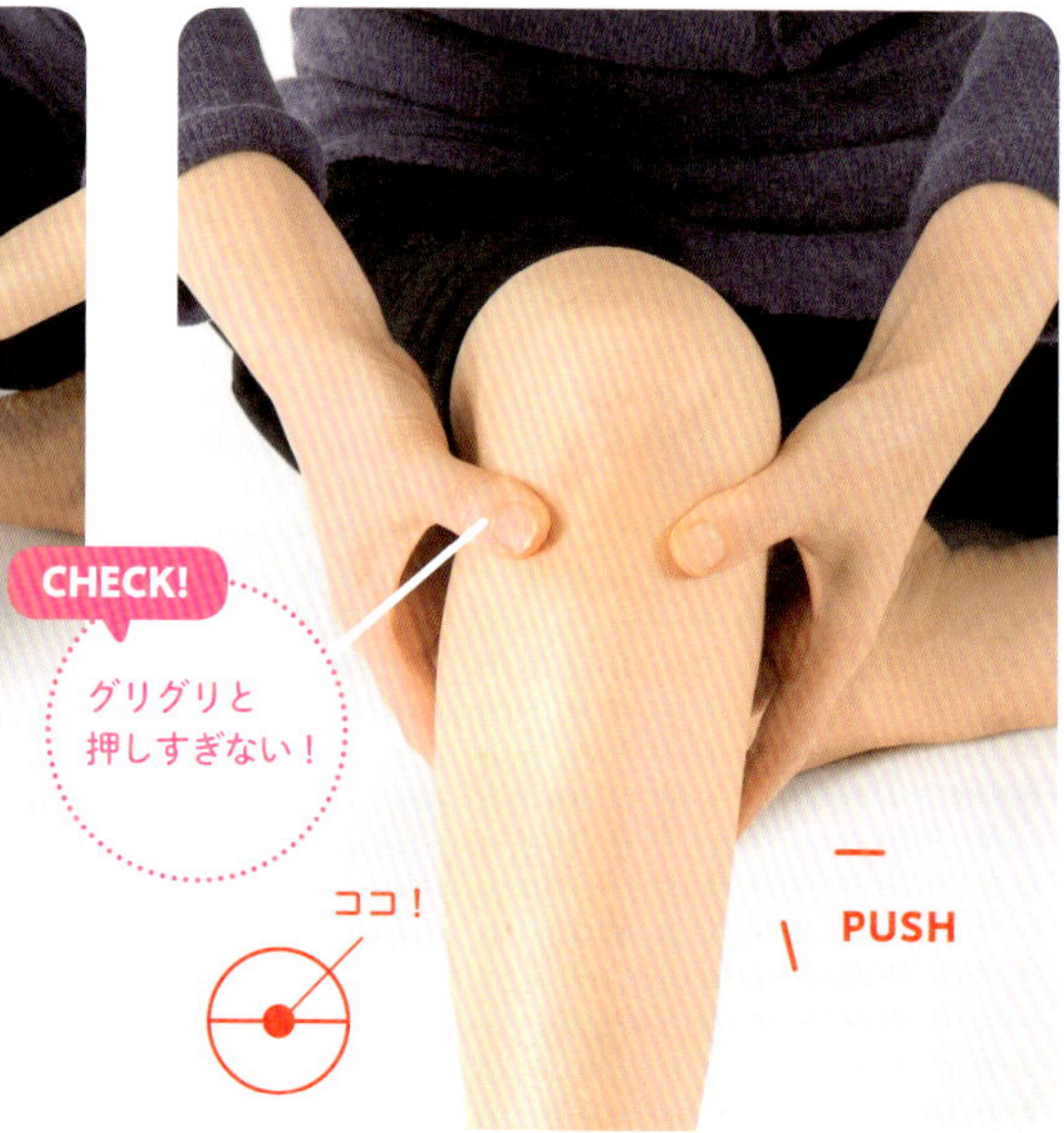

1 ひざ裏の横ジワの中央を中指と薬指でプッシュ

委中のツボ。両手の中指と薬指を重ねて、桃に指の跡をつけるくらいの優しい圧で深く押す。腰痛の改善にもつながる。

委陽のツボ（ひざ裏の外側）

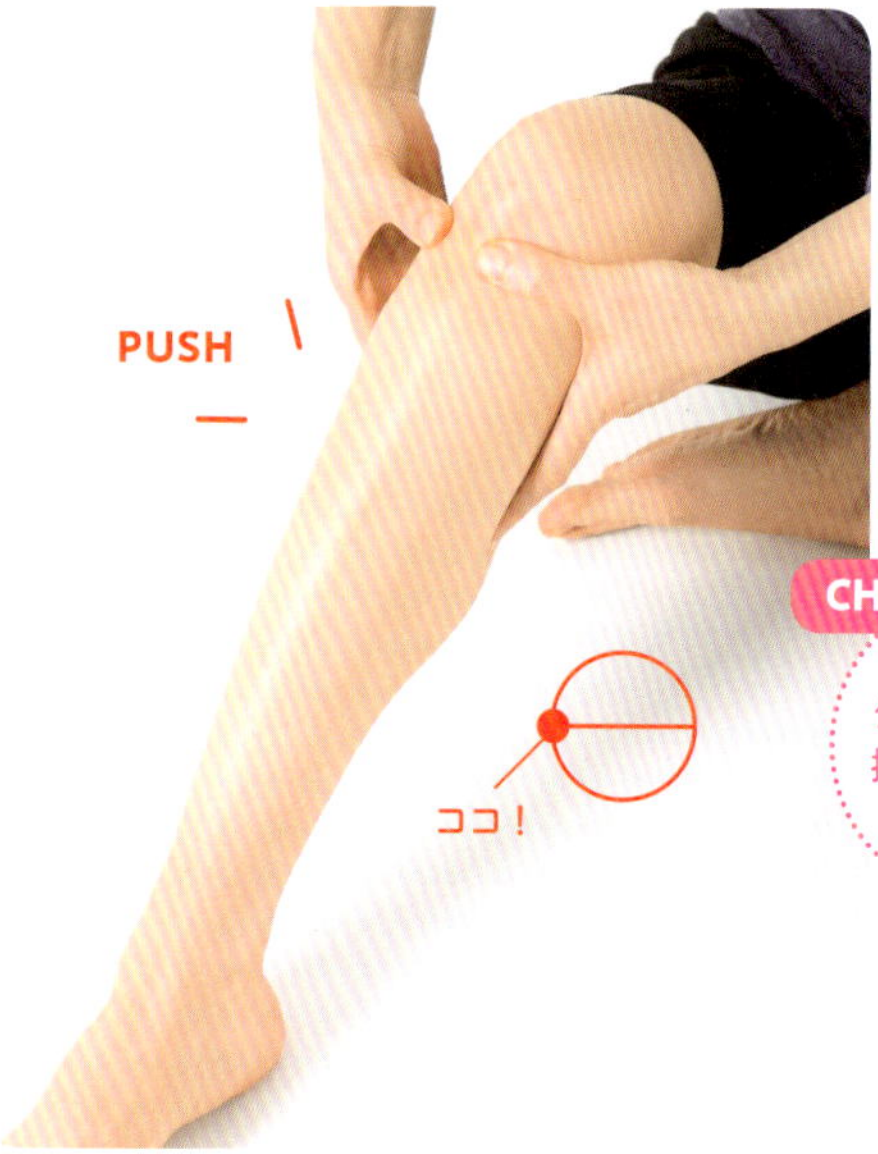

2 ひざ裏の横ジワの外側を中指と薬指でプッシュ

委陽のツボ。桃に指の跡をつけるくらいの優しい圧で押す。ひざ痛改善にも効果的。

and MORE

さらにチャレンジ!

ひざ裏の真ん中を10回押す

中指と薬指の腹でトントンと10回プッシュ。ひざ裏の3つの筋肉、動脈、リンパ節、ツボを同時に刺激できるので、健康改善にもつながる。

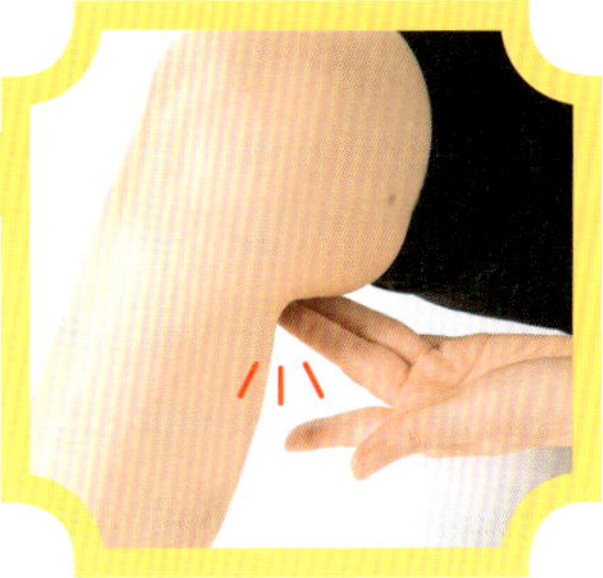

陰谷のツボ(ひざ裏の内側)

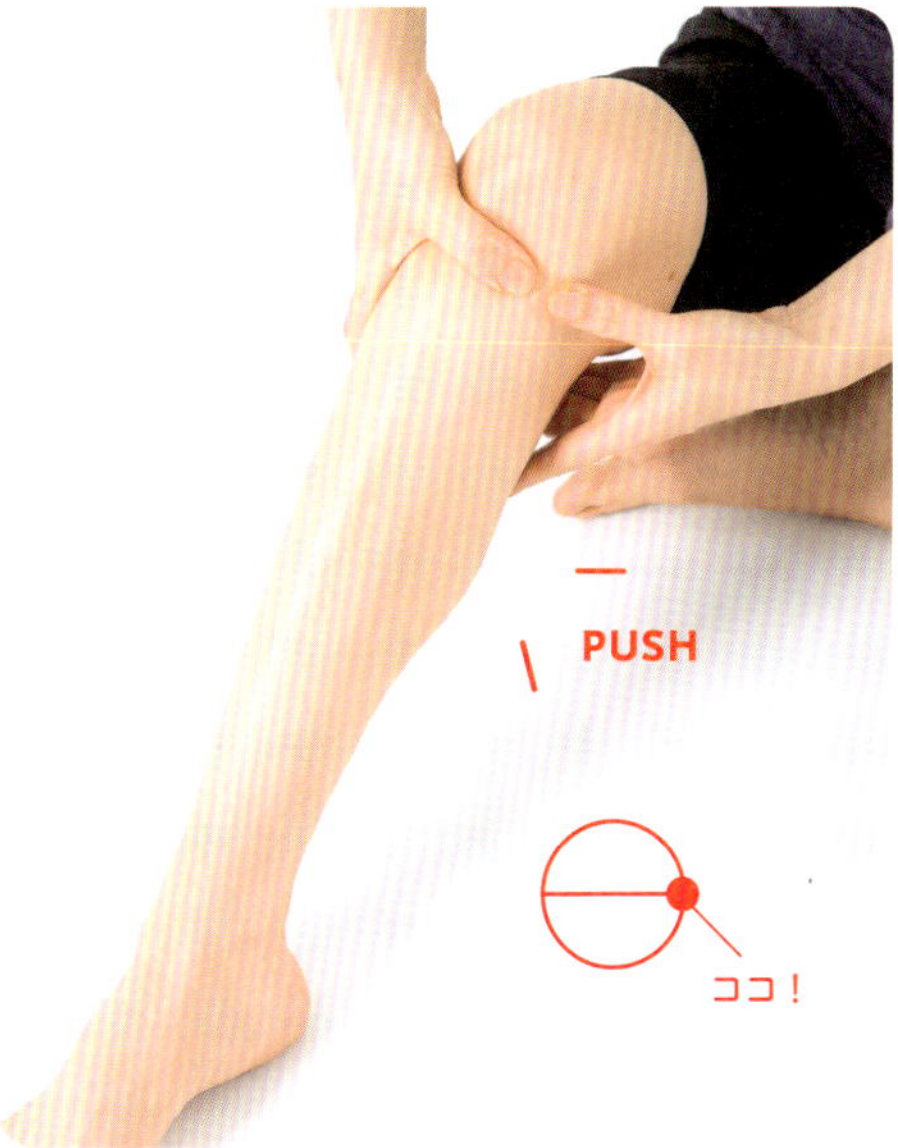

3 ひざ裏の横ジワの内側を中指と薬指でプッシュ

陰谷のツボ。桃に指の跡をつけるくらいの優しい圧で響かせるように押す。生理不順や冷え性にも効果的。

浮郄・合陽のツボ(ひざ裏の上・下)

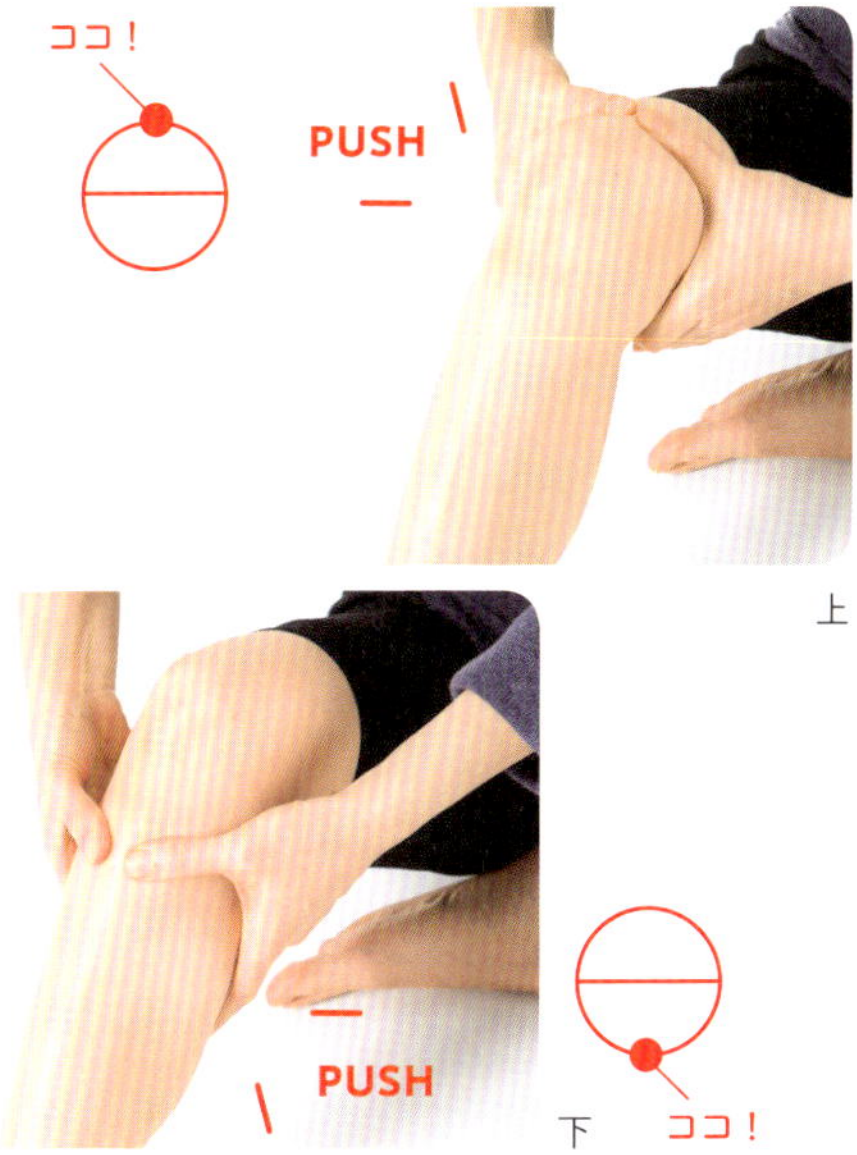

4 ひざ裏の真ん中から上と下を中指と薬指でプッシュ

浮郄と合陽のツボ。同様に優しい圧でそれぞれ押す。便秘、痔疾にも効果的。

年齢とともに大きくなる！

ひざ小僧

実は、加齢とともに大きくなるひざ小僧。「ひざ周りってこんなにお肉がついていたっけ？」と気づいたら、念入りにもみましょう！

ここをもむ！

1. ひざの反射区
2. 3. ひざ小僧の周り
4. ひざの真上（中央・外側・内側）

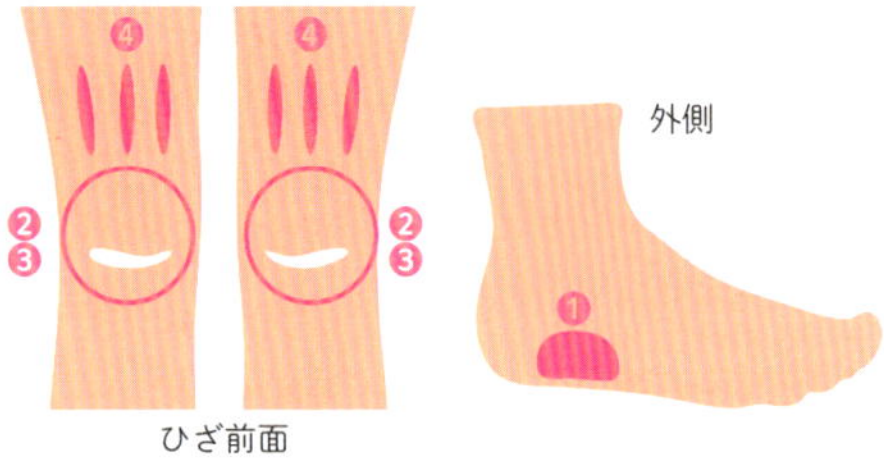

ひざの反射区

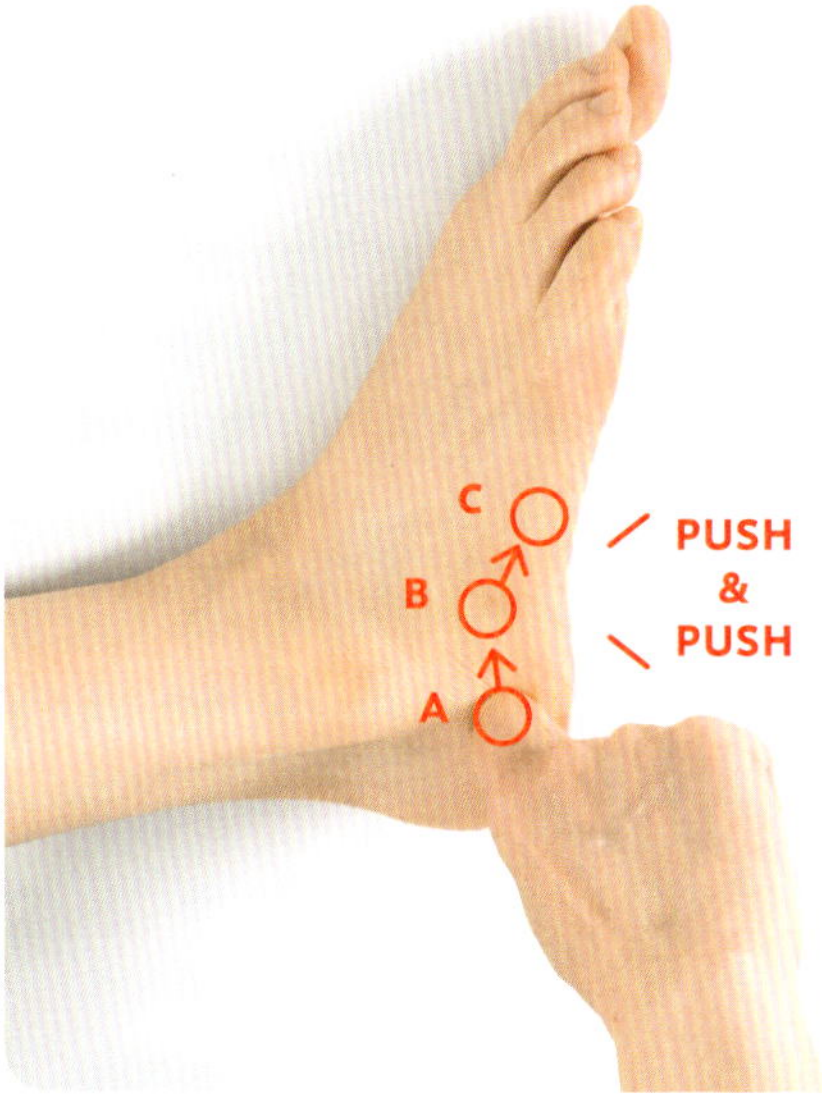

1 ひざの反射区を鋭角でプッシュ

かかとの外側にある半円の骨部分にある。その骨格に沿ってA・B・Cの順に3秒間の安定圧をかける。

ひざ小僧の周り

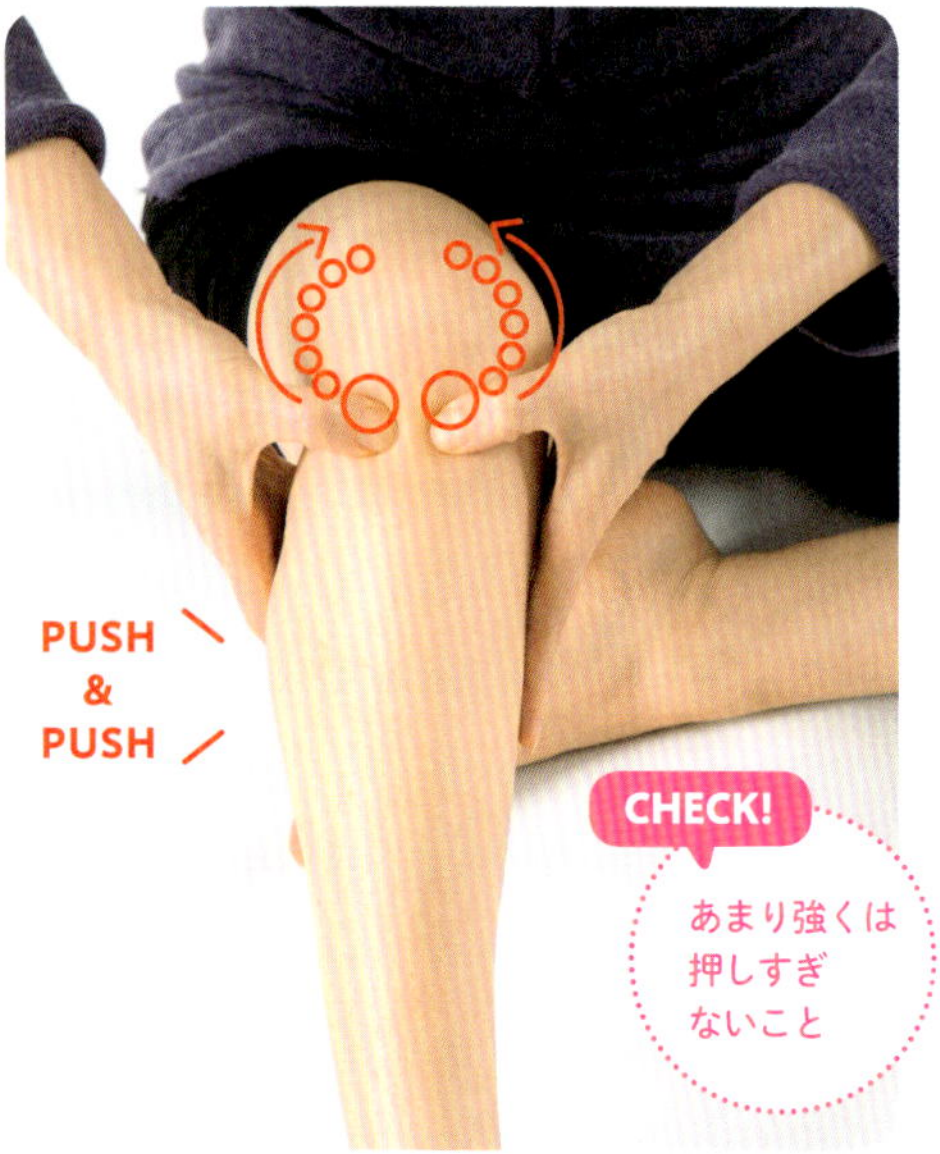

2 ひざ小僧の骨の周りを両親指でプッシュ

親指を指幅分ずつずらし、気持ちいい力加減で細かく押す。

ひざ小僧の周り

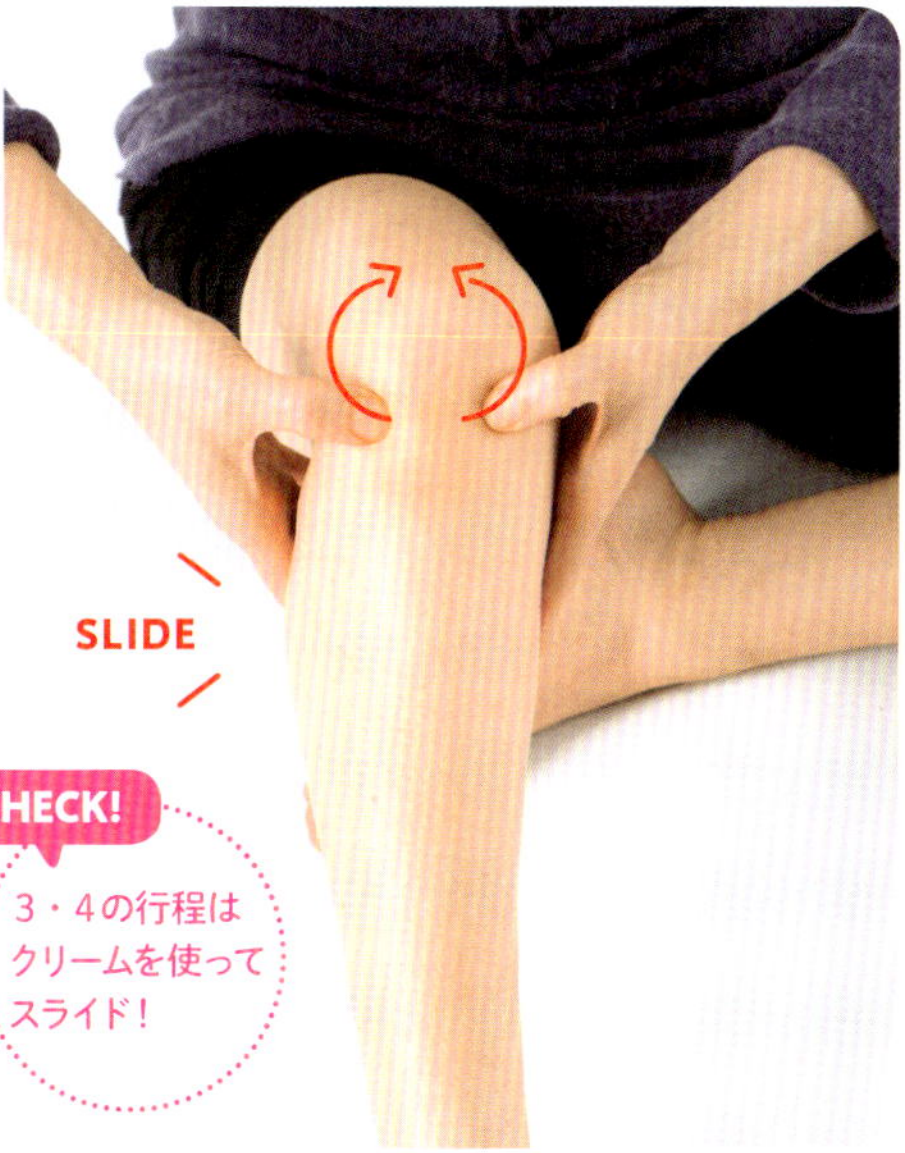

3 ひざ小僧の骨の周りを両親指で3回スライド

老廃物を押し流すようにして、気持ちいい力加減で下から上へ3回流す。

ひざの真上(中央・外側・内側)

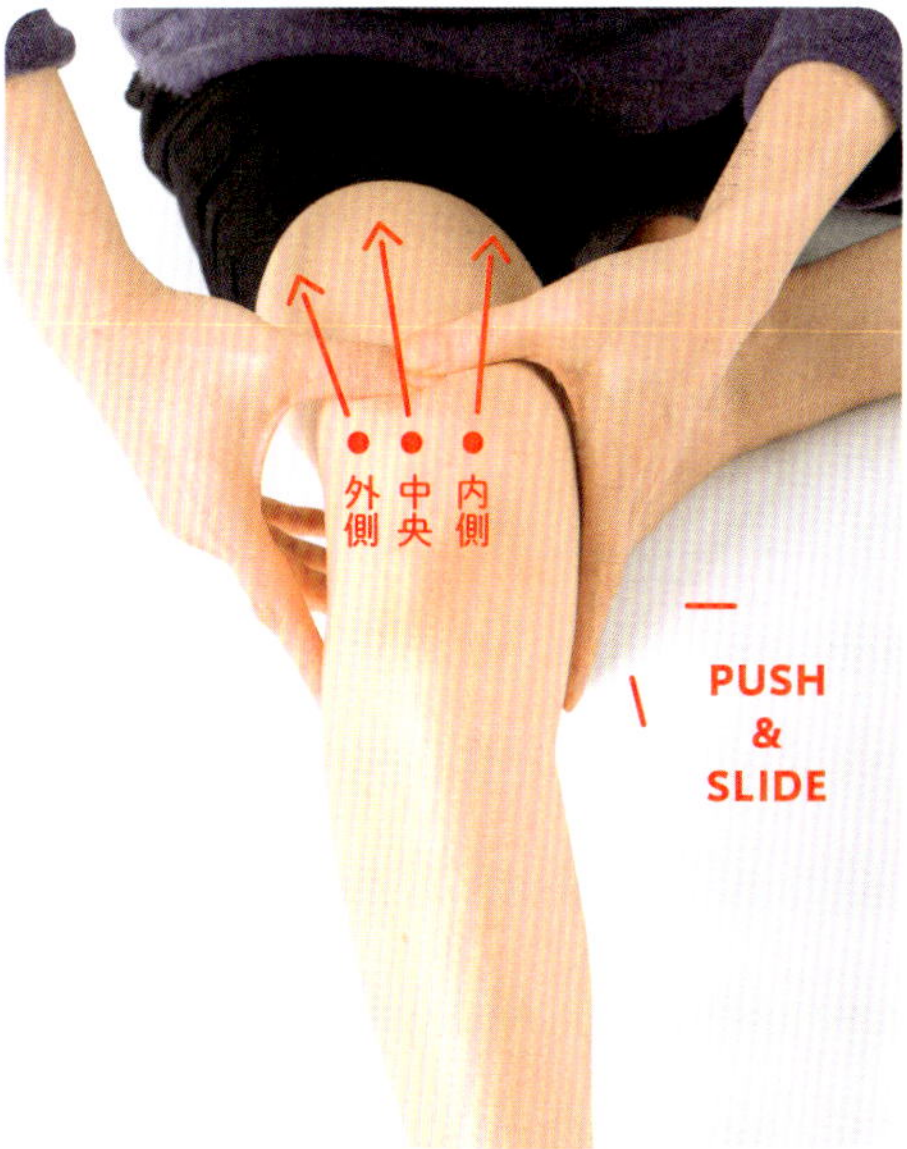

4 ひざ上を両親指でプッシュ&スライド

ひざ上に両親指を重ねて置き、指5本分上までプッシュ。その後、指をすべらせて流す。中央、外側、内側の順に行う。

and MORE

さらにチャレンジ!

簡単スクワットを5回

足を肩幅に開き、お尻の穴をキュッと締め下腹部を凹ませる。ひざが前に出ないように、また腰が反らないように前傾しながら、腰を下ろす。

まっすぐに伸びた脚を目指す

O脚・X脚

体重の乗せ方に偏りがあるO脚・X脚。美しく立つ感覚をしっかりと捉え、スラリとまっすぐ伸びた脚を目指しましょう。

ここをもむ！

❶ 外側坐骨神経、内側坐骨神経
❷ 股関節の反射区
❸ 太もも前面（中央・外側・内側）

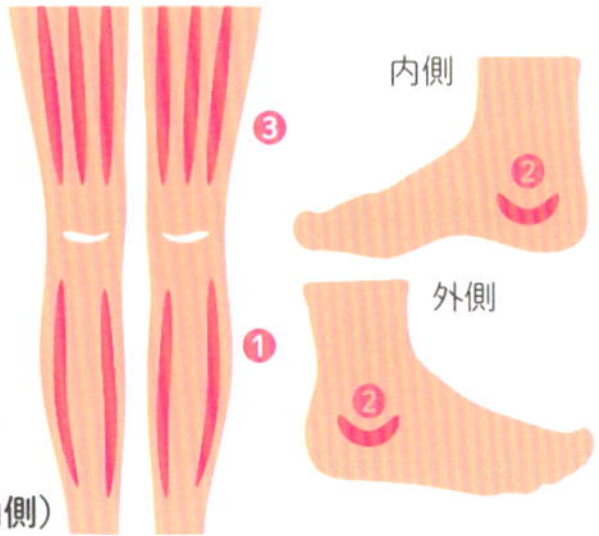

外側・内側坐骨神経

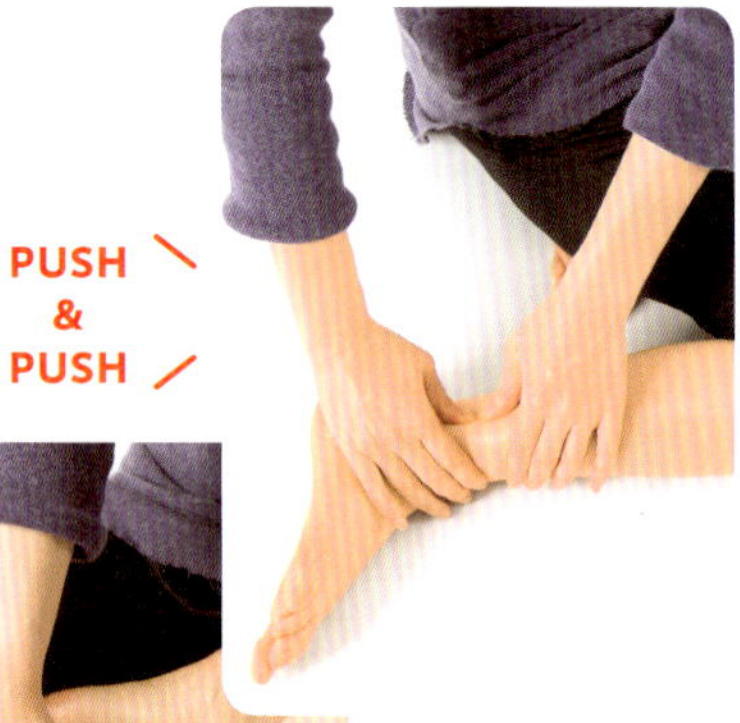

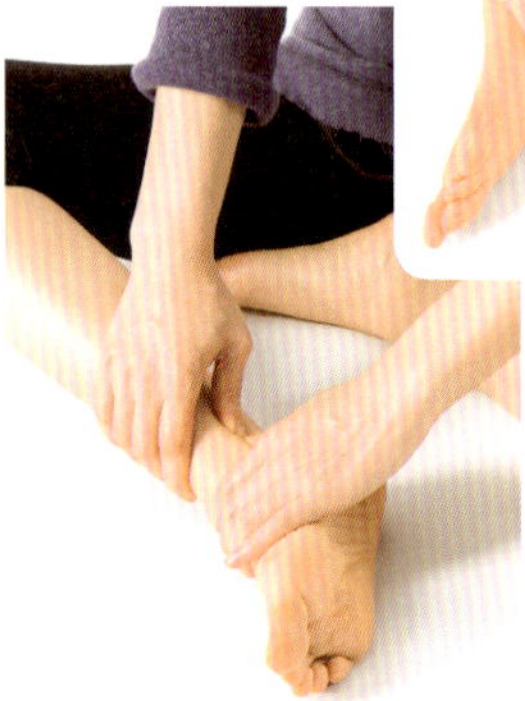

CHECK!
P.40の1と2を確認して！

1

ふくらはぎ外側・内側にある坐骨神経を両親指でプッシュ

外側くるぶしと内側くるぶし、それぞれ真上斜め45度後ろ側から、骨に沿って押す。硬いところを重点的に。

股関節の反射区

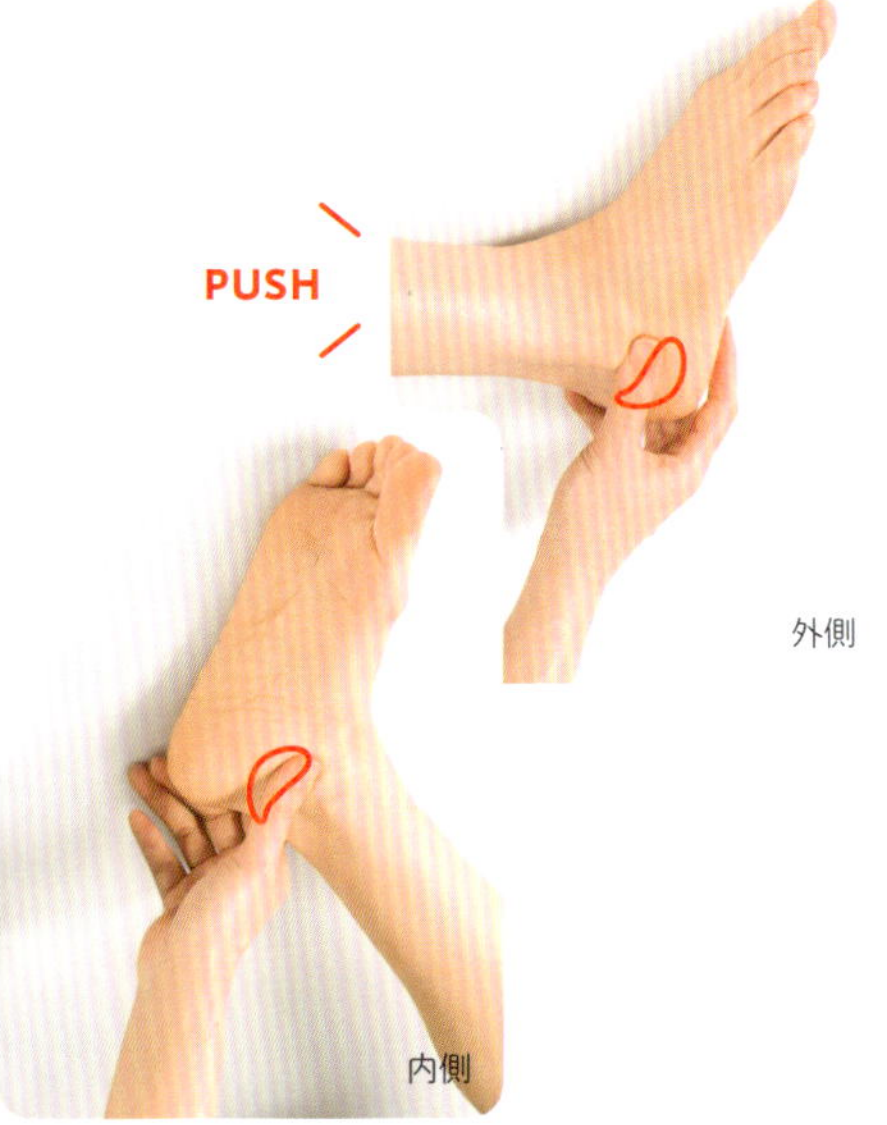

2

股関節の反射区の外側・内側を親指でプッシュ

親指の側面を使って、外側くるぶしと内側くるぶしの際に、3秒の安定圧をかける。

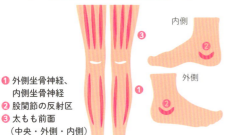

and MORE

さらにチャレンジ!

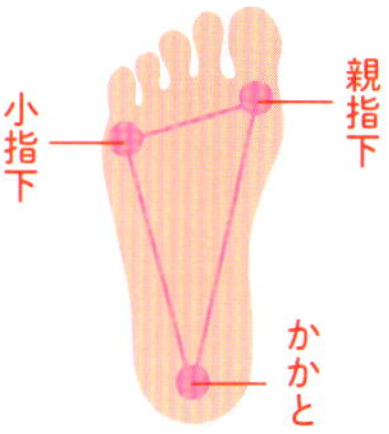

3点のバランスを意識して歩く

O脚の人は親指側、X脚の人は小指側に体重をのせるように意識するとバランスが取れて矯正できる。指をしっかり床につけることも大切。

太もも前面（中央・外側・内側）

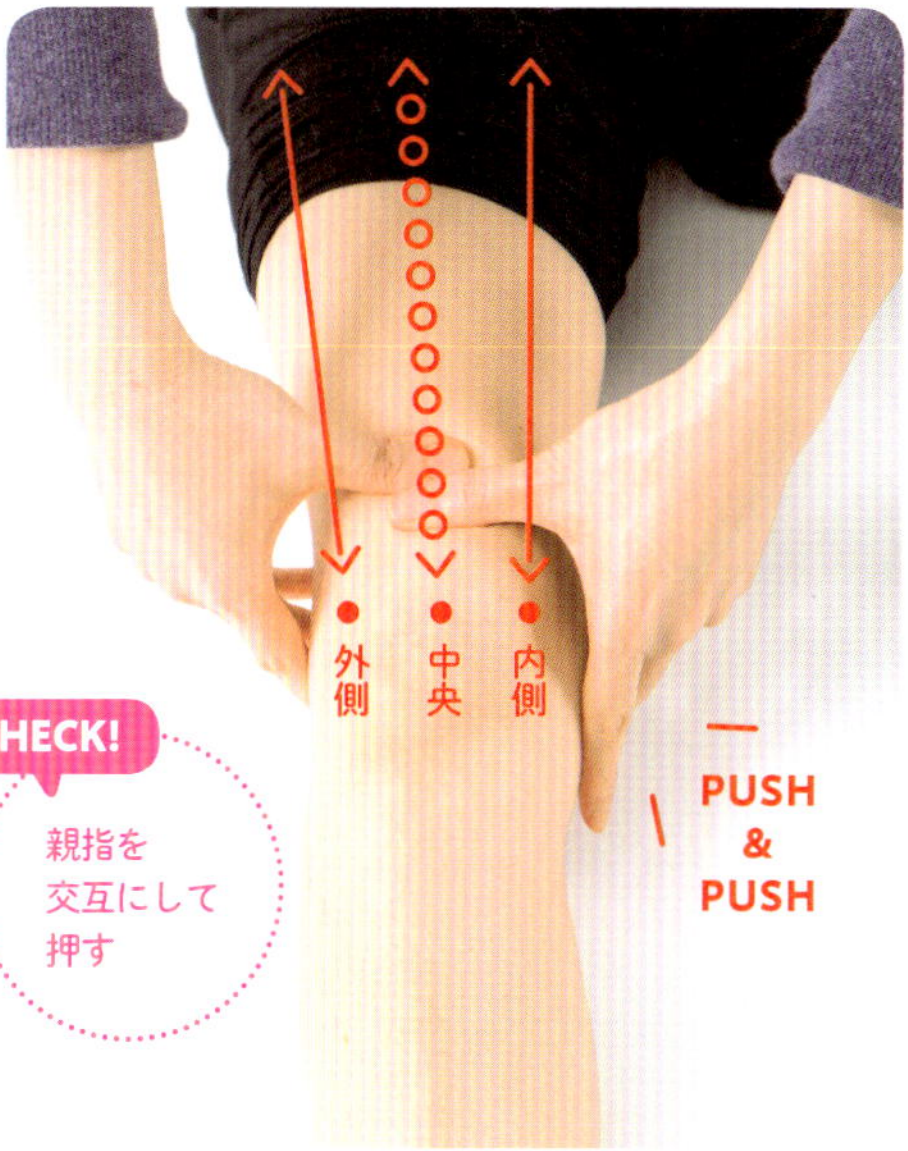

CHECK!

親指を
交互にして
押す

3 ひざ上から足のつけ根（そけい部）に向かって両親指でプッシュ

指幅分ずらしながら、つけ根までイタ気持ちいい圧で押し、往復する。外側、内側も同様に。（もむラインはP.31を参照）

足裏の中心

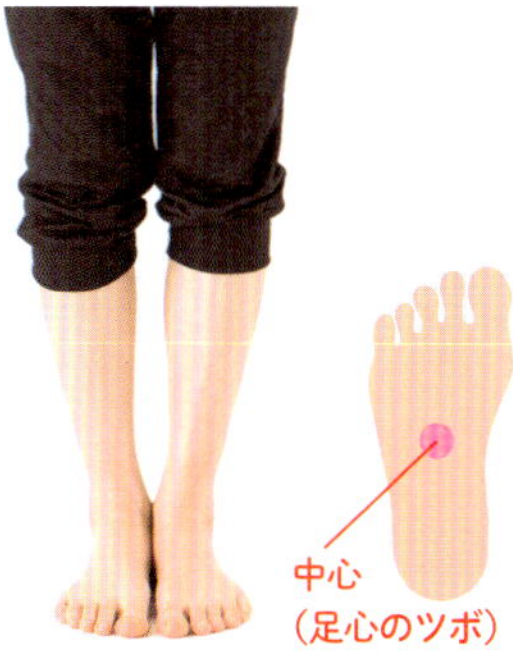

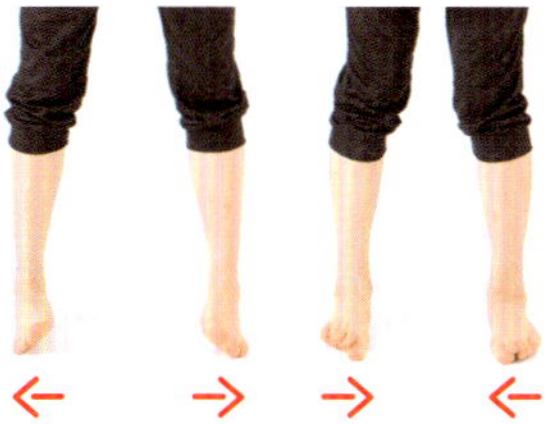

O脚は小指側に、
X脚は親指側に
体重が
かかっている

4 足裏の中心を意識して立つ

小指側や親指側に体重をかけすぎていないか、常に意識して足の土台を調整する。

美脚プログラム 8

憧れはスラッと美脚な立ち姿！

内股・がに股

ここをもむ！

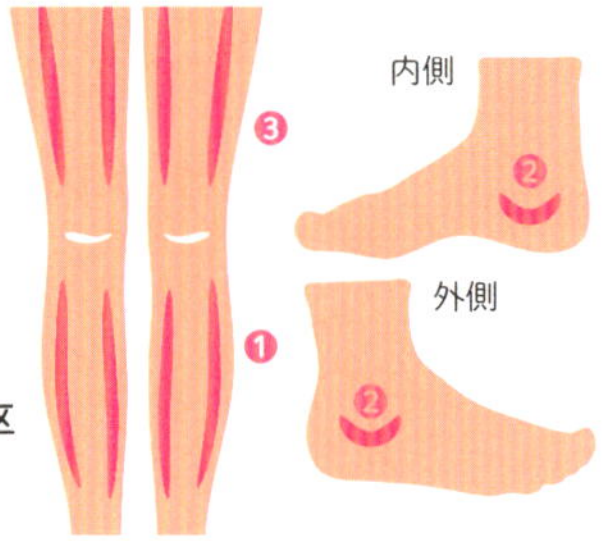

❶ 外側坐骨神経、内側坐骨神経
❷ 股関節の反射区
❸ 太ももの外側・内側

モデルのようにまっすぐ歩きたいけれど、内股・がに股がどうしても治らない…。そんな人は足もみで改善するのがおすすめです。

外側・内側坐骨神経

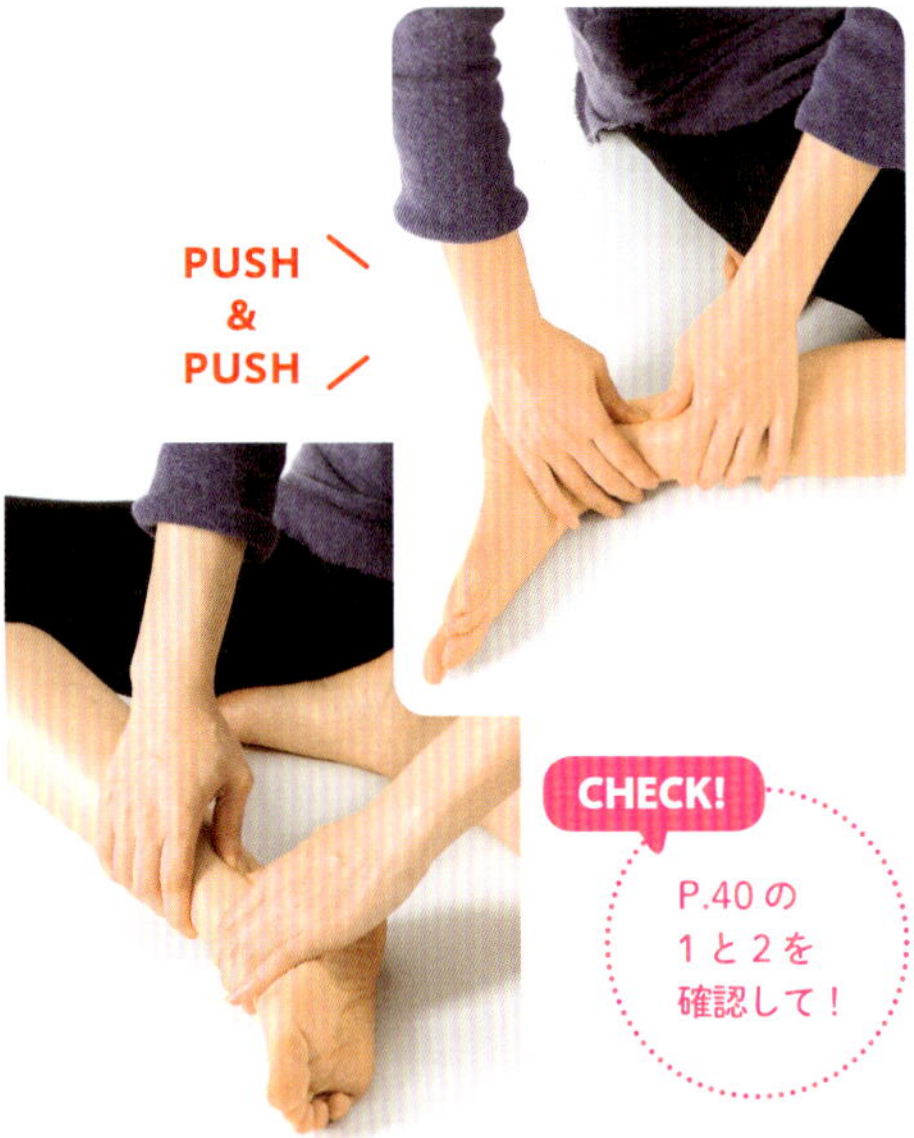

CHECK!
P.40の1と2を確認して！

1 ふくらはぎ外側・内側にある坐骨神経を両親指でプッシュ

外側くるぶしと内側くるぶし、それぞれ真上斜め45度後ろ側から、骨に沿って老廃物をつぶすように押す。

股関節の反射区

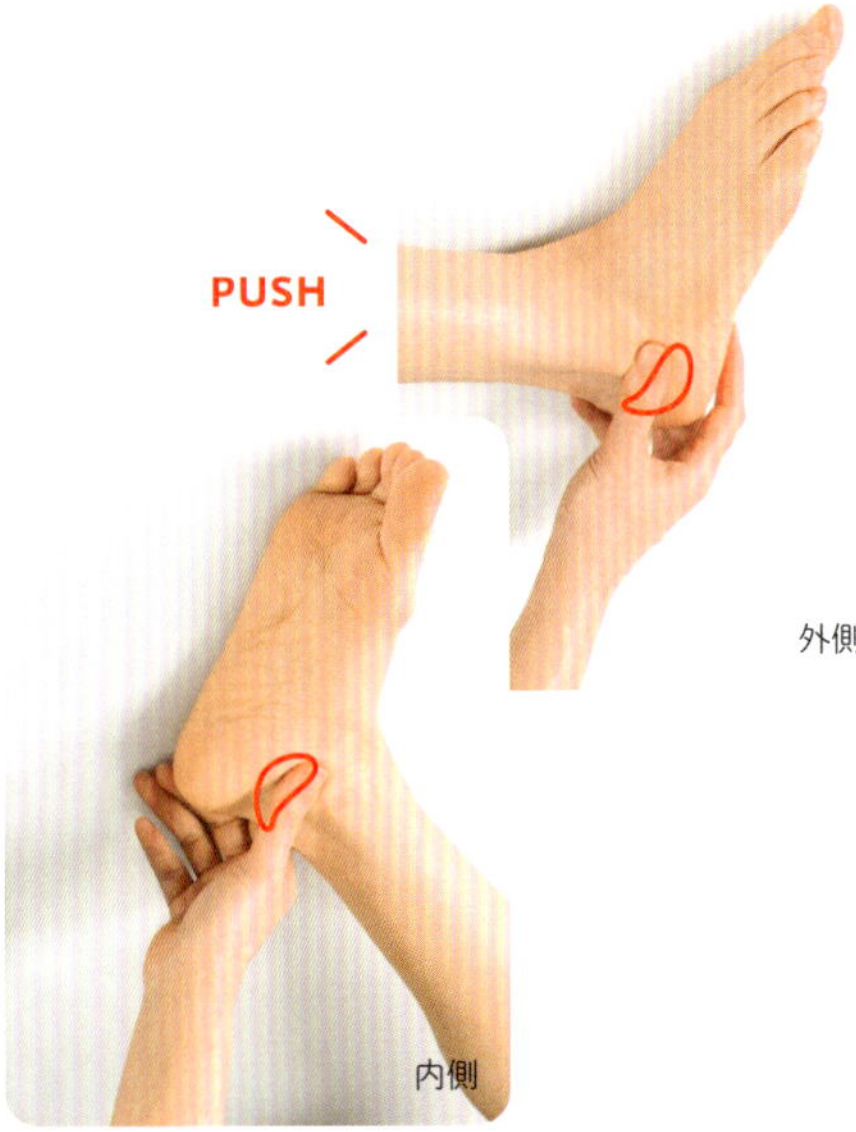

2 股関節の反射区の外側・内側を親指でプッシュ

親指の側面を使って、外側くるぶしと内側くるぶしの際に、3秒の安定圧をかける。

and MORE

さらにチャレンジ!

立つ姿勢と歩く姿勢を整える

上半身の力を抜いて、意識を丹田におく。さらにお尻の穴を締めて、頭上から吊り上げられているイメージで、モデルのように歩く習慣を。(P.66 参照)

太ももの外側・内側

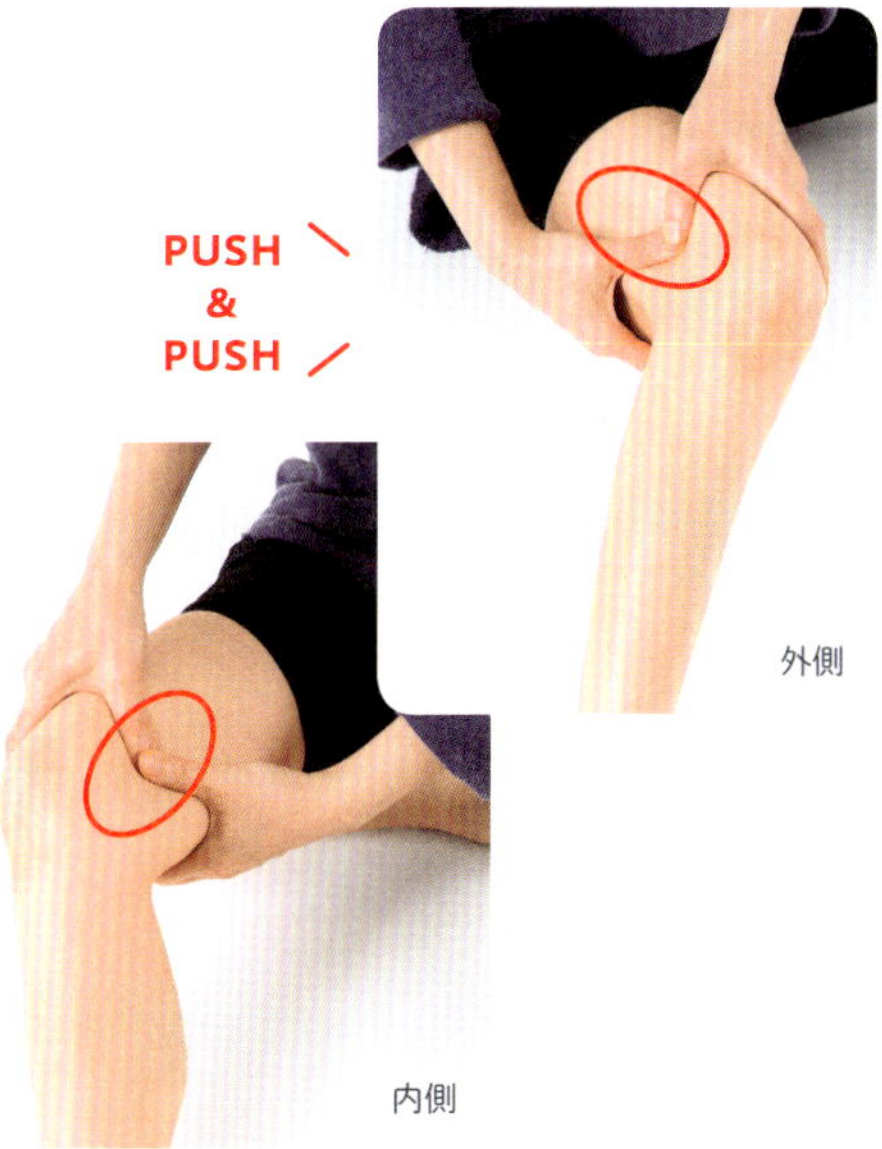

3 太ももの外側・内側にある筋肉の硬いところをもむ

内股なら脚の内側、がに股なら外側に緊張が出る。筋肉の突っ張りを感じる部分を集中的にもむといい。

つま先とひざの向き

内股

がに股

4 つま先とひざを正面に向けてひざを伸ばして立つ

内股、がに股の人はひざが常に曲がっている状態。ひざをぴんと伸ばした状態を体で覚える。

After

最後の仕上げに老廃物をごっそり押し流す

デトックス

美脚プログラム後には、動かした老廃物を外に出すための足もみを行いましょう。

ふくらはぎもみ

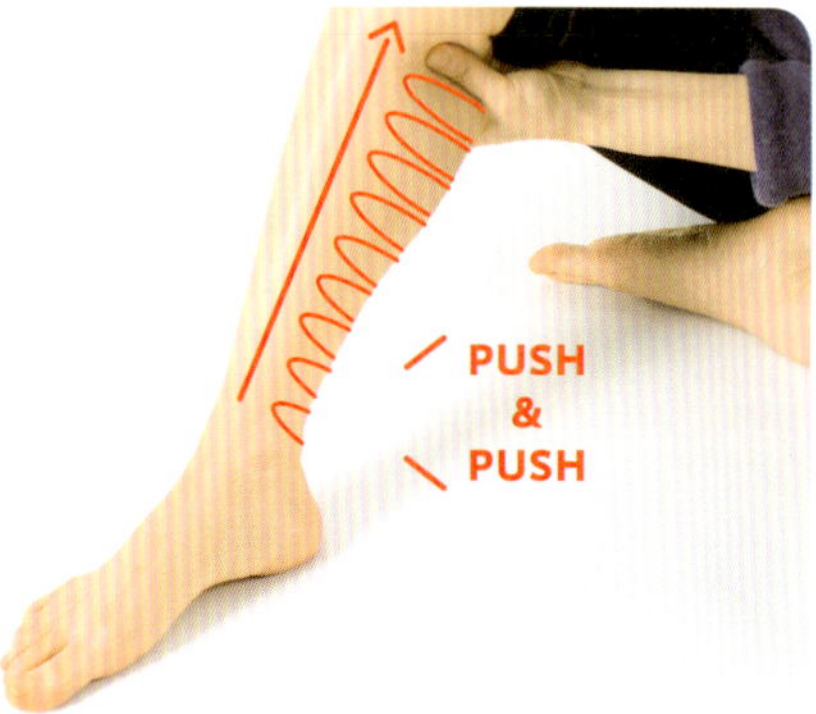

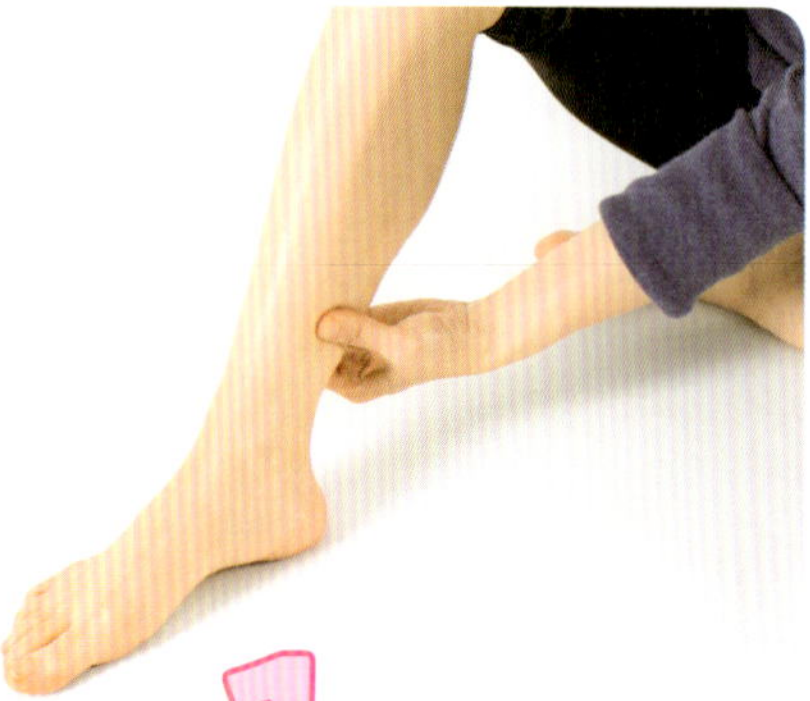

1

ふくらはぎ全体をもみこむ

アキレス腱の上部分から筋肉をはさみ込んで強めに深くもみ込む。

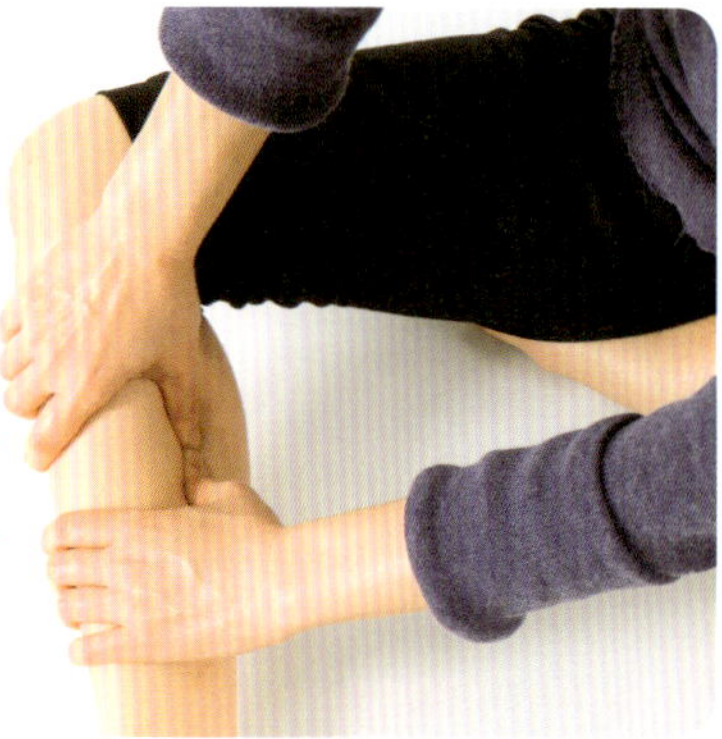

2

**筋肉の中にある
コリを見つけてほぐす**

骨の際に老廃物が固まっているので、コリコリした部分を重点的にもむ。

効果倍増の
POINT ふくらはぎは「第２の心臓」！ 強めの圧を

ふくらはぎがパンパンだと、血液のポンプ作用は半減し、せっかく動き出した老廃物が戻されてしまう。ふくらはぎを丁寧にもみほぐし、ポンプの役割を強化させよう。足健道メソッドは「イタ気持ちいい」が基本だが、ふくらはぎはとても重要なので、ある程度の「強さ」「深さ」を心がけると効果が倍増する。

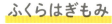

足首外回し

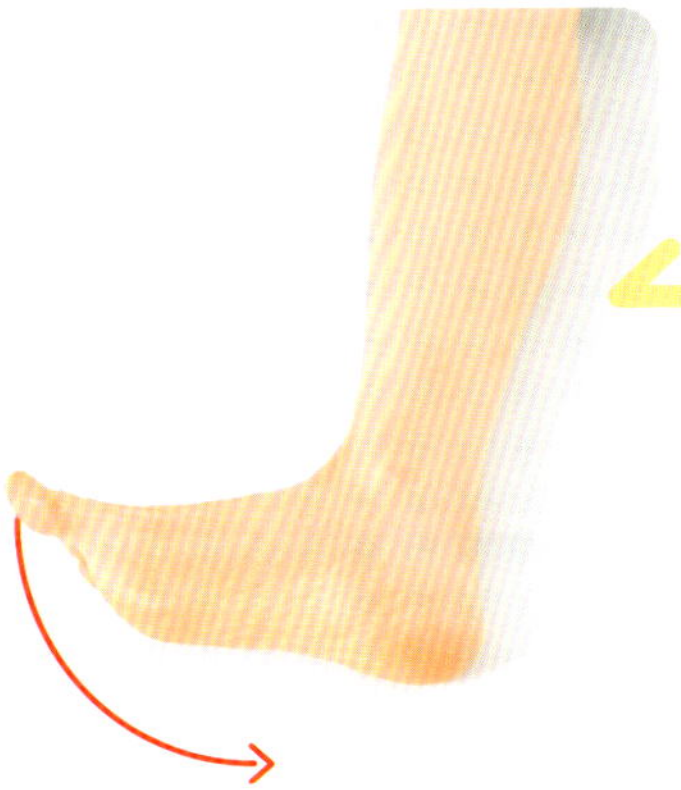

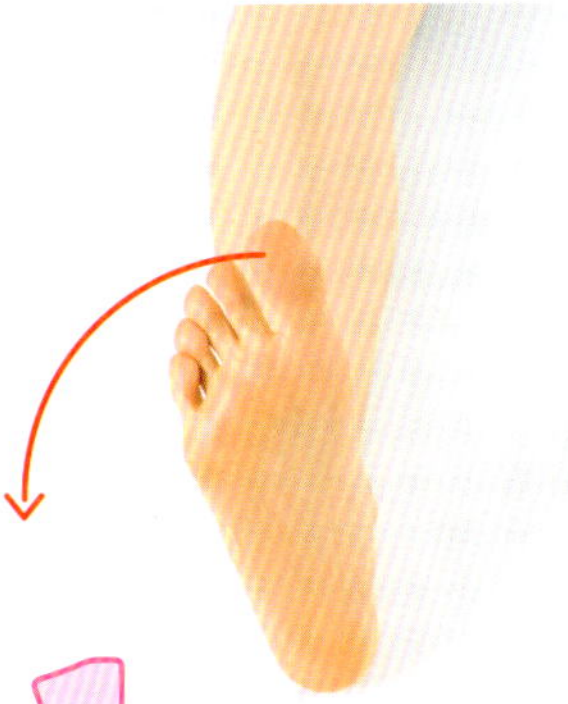

1

足首を外側に回す

床に座ってふくらはぎとかかとを床につける。かかととひざを床から離さないようにして、外回しを５回。

足首内回し

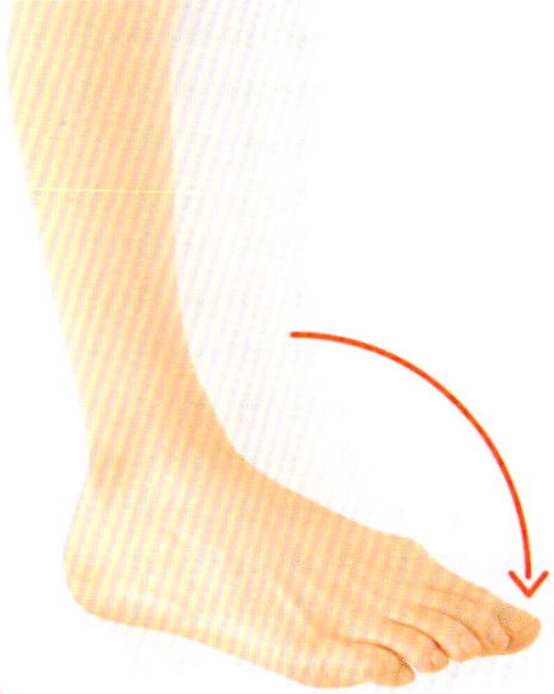

2

足首を内側に回す

次に内回しを５回。下半身の血流を一気に促進させることができる。

効果倍増の

POINT　足首回しは外回しから始めること

東洋医学では、外側は「陽」で「出す」、内側は「陰」で「込める」を意味している。先に老廃物を出して、その後によいエネルギーを取り込むイメージをしながら回すと効果的。

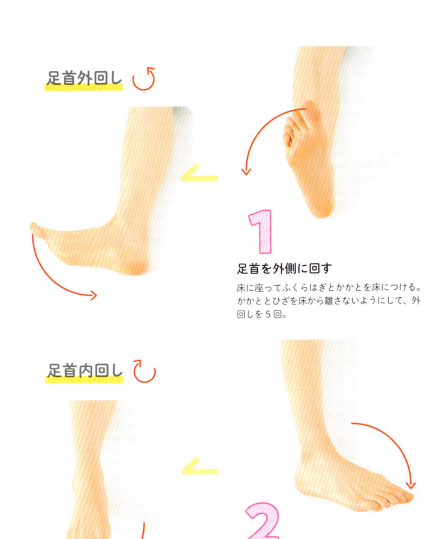

数日後の不調は回復のサインです！

足もみを始めて4〜5日後に表れる一時的な症状。それには、どんな意味があるのでしょうか？

好転反応とは
体に蓄積していた老廃物が排出される時に起きる反応
眠くなる
湿疹が出る

好転反応は不調に気づくきっかけ

足もみを数日間続けていると、体内に溜まっていた老廃物が排出されることで、好転反応が起こることがあります。これは、それまで自分が抱えていた身体の不調を示すサインです。

好転反応は、どこに反応が表れたかによって、弱っていた箇所を知ることができます。例えば、眠くなったなら疲れが溜まっていたサイン、痺れを感じたなら血流が悪いサイン、オリモノの量が増えたなら婦人科系の機能低下のサインです。

あくまでも、好転反応は体質改善に向けた一時的な反応。老廃物が排出されれば止まるので、心配することはありません。

足もみ後に表れる 好転反応の一例

必要以上に不安に感じることはありません。
自分の不調に気づくよいきっかけと捉えましょう。

かゆみや湿疹が出る

尿や汗で排出しきれなかった老廃物が、皮膚から排出されている証拠。

眠くなる 喉が渇く

眠くなる人は疲れていた証拠、喉が渇く人は身体が温まった証拠。血液の循環が改善され、体温が上昇することで起こる。

排泄物の量が増える

大便や尿、鼻水や目やになどが増えるのは、代謝が上がっている証拠。

痺れが出る

血流が低下していた証拠。血液の循環が促進されることで、正座を解いた時のような痺れを感じる。

微熱が出る

免疫力が上がった証拠。流れた老廃物が免疫システムによって異物とみなされ発熱。

青あざができる

毛細血管がもろくなっている証拠。そのままもみ続ければ、強い血管が再生されるようになる。

効果が出やすい人と美の法則

どんなダイエットにも個人差はつきもの。モチベーションが下がりそうな時は、12ケ条と美の法則を心に留めて！

効果の出やすい人の12ケ条

生まれ持った体質も関係しますが、
生活習慣や心がけで変わる部分がたくさんあります！

- ☐ 美意識＋女子力が高い人
- ☐ 生まれつきの肥満ではない人
- ☐ 冷え性ではない人（平熱が36.5度以上）
- ☐ 代謝のよい人（もんで腫れやすい人は低代謝）
- ☐ 薬を常用していない人
- ☐ 適度な運動をしている人
- ☐ 筋肉が柔らかい人
- ☐ プラス思考な人
- ☐ 理想の自分をイメージできる人
- ☐ 毎日続けている人
- ☐ タバコを吸っていない人
- ☐ 自分を大切にしている人

焦る気持ちは禁物！ 小さな変化を感じて

同じように足もみを実践していても、効果をあまり感じられなくて、不安になる日があるかもしれません。そんな時は、上記の12ヶ条を参考に、生活習慣を見直してみてください。

そして、すぐに結果が出ないからといって、焦ってあきらめないこと。今までの毎日に、足もみの習慣はなかったはずです。必ず、何らかの変化は始まります。少しの嬉しい変化の積み重ねによって、いつの間にか美脚は手に入ります。

美は努力の法則
努力は必ず報われます！

不思議なことに頑張った成果は、脚やせやダイエット以外でも、必ず違う方面、違うタイミングで表れるものです！

お肌がツルツルになって、
「キレイになった」と言われた！

ホルモンバランスが
整って、生理不順が
なくなった！

自信がついて、
モテるようになった！

オシャレが楽しくなって、
毎日が幸せ♪

自律神経が整って
体調がよくなり、
疲れにくい身体に！

美はもちろん、
健康にも興味が出てきて、
もっと勉強したいと
向上心が沸いてきた！

友達に教えてあげたら、
喜んでもらえた。
人の役に立てる
喜びを知った！

「髪のツヤが出て、
若くなった」と
言われるように！

風邪を
引かなくなった！

足もみダイエットの効果を高める裏ワザ

足もみをする直前に、一緒に行うことで効果が倍増する裏ワザを2つ、ご紹介します！

ダイエット効果を高める秘訣 1

温活

直前に10分の足湯で足もみ効果が10倍に！

足もみダイエットは「冷え」が大敵。身体が冷えていると、効果が出にくくなってしまいます。入浴直後の足もみがベストですが、もっと効果を出したい人は、足もみをする直前に42度の足湯で、10分間温めましょう。

遠赤外線効果のあるかかとサポーターで足元がポカポカに

普段から素足は避けて、靴下やサポーターを使う習慣を。特に、老廃物を流す働きを持っている「遠赤外線サポーター」は温かさが抜群です。

お湯が冷めると逆に身体を冷やしてしまうので、ペットボトルにお湯を入れて、足し湯しながら行うとベスト。

ダイエット効果を高める秘訣 2

呼吸法

鼻だけを使う 逆腹式呼吸を3回

鼻だけで行う逆腹式呼吸には、背骨矯正と血行をよくして免疫力を高める効果があります。足もみ直前に、これを3回行うことをおすすめします。また、もむタイミングに合わせて息を鼻から吐くように心がけると、効果が上がります。

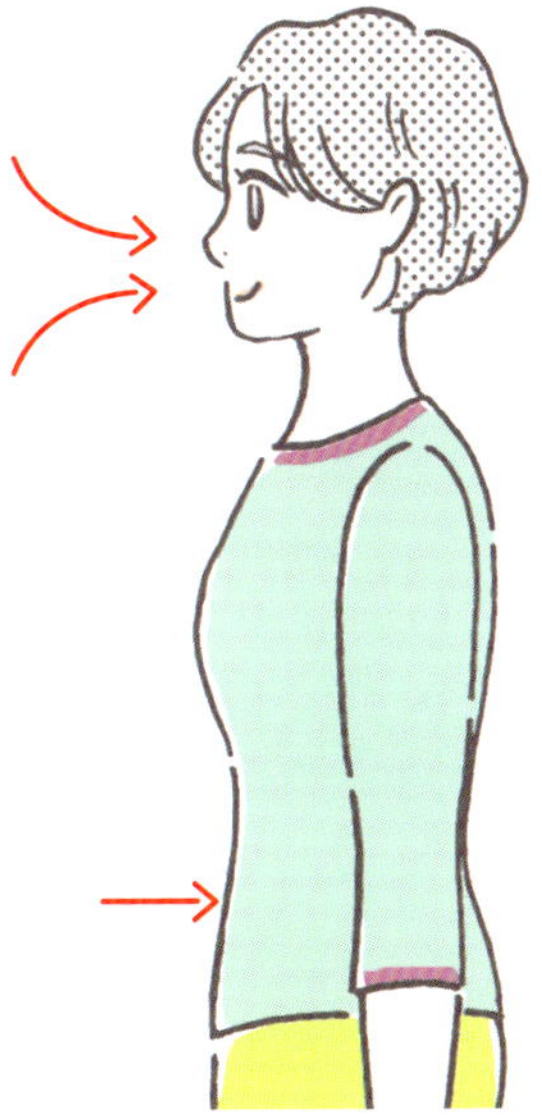

鼻から息を吸って
お腹を限界まで凹ませる

肩幅に足を開き、肩の力を抜き、意識を丹田におく。お尻の穴をキュッと締めて、鼻から息を吸いながら背筋を伸ばし、お腹を凹ませる。そのまま息を3秒止める。

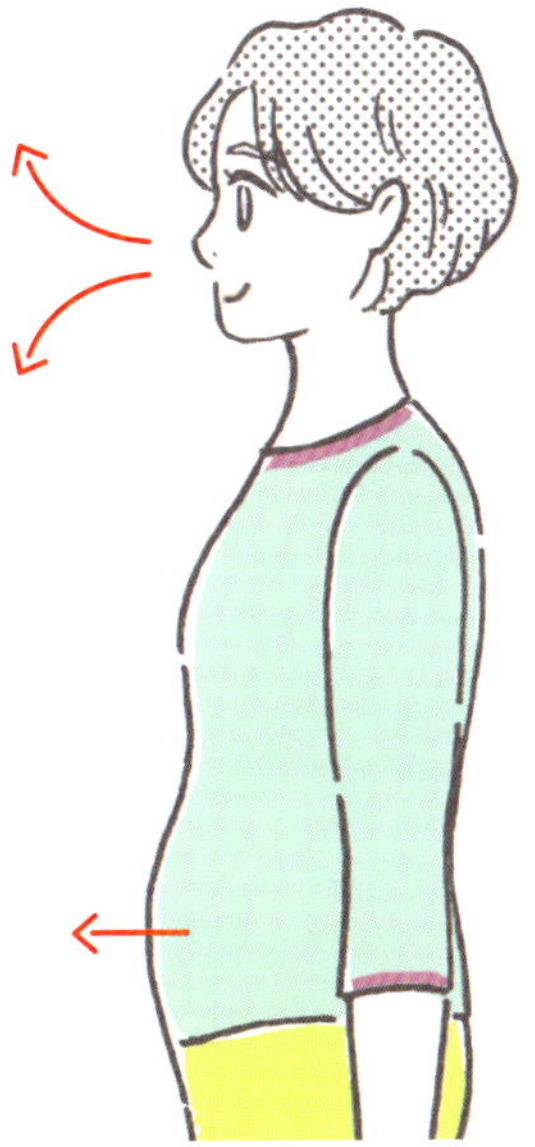

鼻からゆっくり吐き出しながら
お腹を膨らませていく

肩の力を抜きながら、胸を下ろすようにして少しずつ息を吐き出していく。丹田に力を入れてお腹を膨らませる。3回行なった後、もう一度お尻の穴を締めて終了する。

Column 1

不調改善プログラム

便秘編

朝から快腸でスッキリ！
辛い便秘体質を変えていく

便秘の解消には、規則正しいバランスのよい食事、適度な運動が大事。大腸が活発に働くといわれる朝5～7時に起きて水分を摂り、足もみを行うのがベスト。毎日の不規則な生活を改めながら、足もみで体質改善を図りましょう。

直腸の反射区

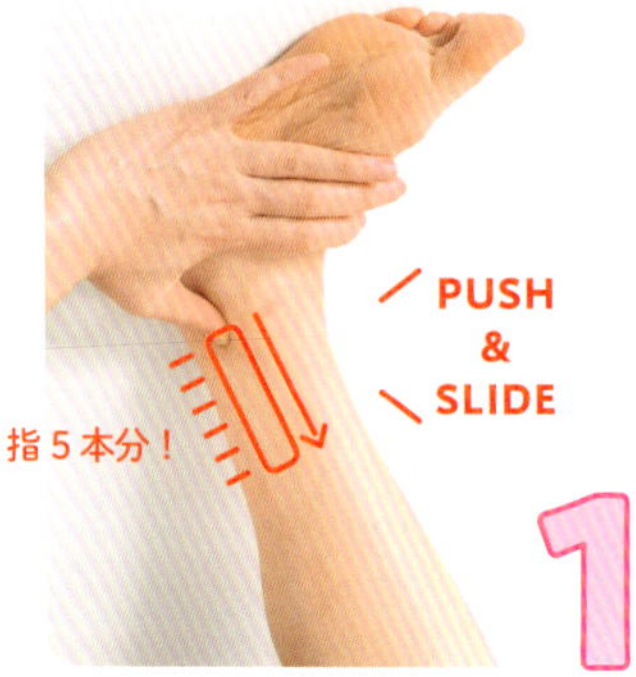

内側くるぶしのそばにある直腸の反射区。骨の際に親指を食い込ませるようにしてプッシュし、クリームを使ってスライド。

下行結腸／S状結腸／直腸の反射区

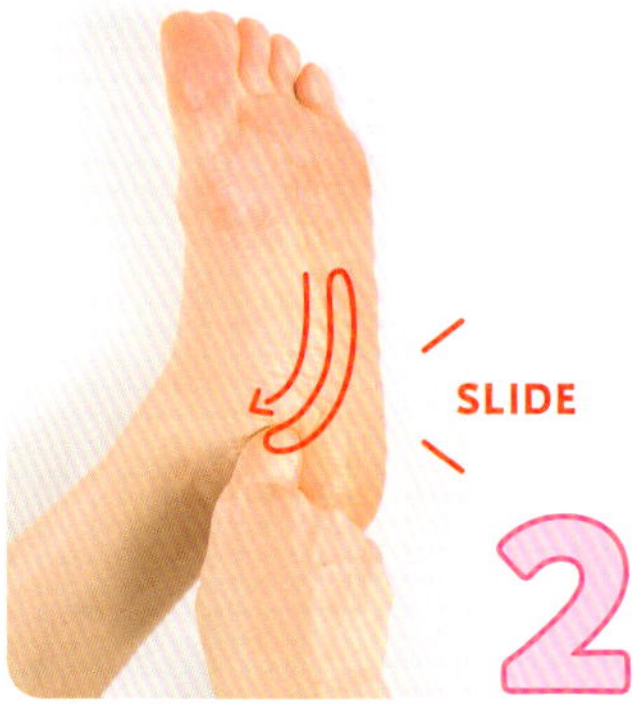

左足だけにある。クリームを使って鋭角で滑らせる。特に下行結腸を入念にしごくと効果的。

梁丘（りょうきゅう）のツボ

ひざ小僧の外側から指3本分ほど上がった場所にあるツボ。3秒の安定圧で胃腸を刺激する。

3章

美脚を目指す人のプラス習慣

さらなる美を求める、女子力の高い人たちへ。
運動や食事、美容などの面から美脚へのアドバイス。
足もみダイエットに相乗効果をもたらす「プラス習慣」を
毎日の生活に取り入れましょう。

筋力＆代謝力UPの簡単エクササイズ

筋力や代謝力がみるみるUPする3つの体操。毎日の生活の中で、気がついた時に行う習慣をつけましょう。

毎日のスキマ時間で、
もっとキレイを目指す！

3つのエクサザイズ

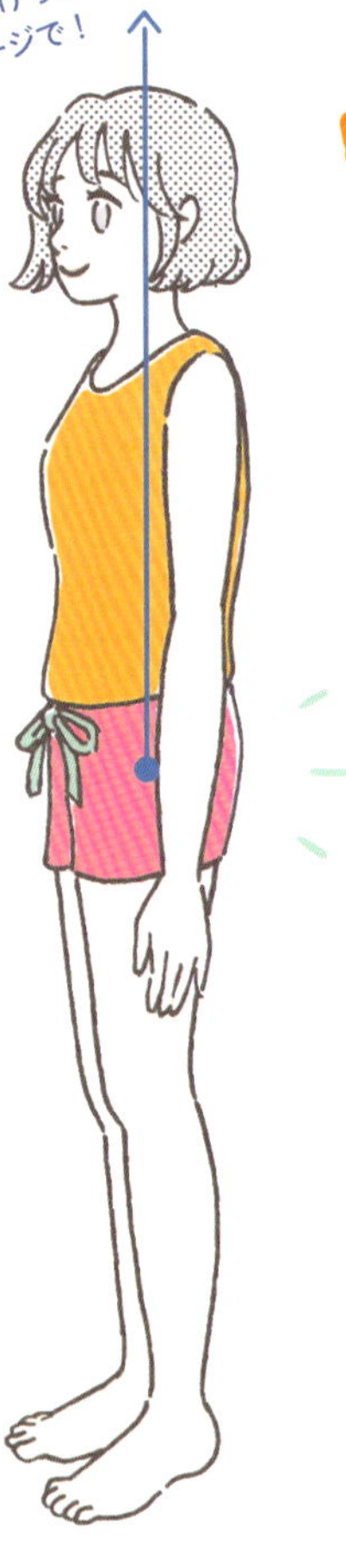

**5秒キープ
×
3セット**

バスト＆ヒップUPにも！

お尻＆膣トレ

お腹の深層にある腹横筋を使うことでお腹が凹む。また深い呼吸をすることで姿勢が整い、バストUPやヒップUPも実現。

1. 息を吸いながら
肛門と膣をキュッと締め上げる。

2. 天井から肛門と膣がグングンと
引っ張り上げられるイメージで
5秒キープ。

3. 息をゆっくり吐きながら
ゆっくり緩める。3回繰り返す。
最後は肛門と膣に
蓋をするように締める。

1分キープ
×
1セット

車内で1分エクササイズ

通勤骨盤ケア

電車やバスの車内で効率的に骨盤エクササイズ。1駅区間、およそ1分行うだけでも、下半身の筋力が強化されて美しいラインに。

1 つり革などにつかまり、つま先を45度ずつ開く。

2 太ももとかかとをぴったりつける。

3 足裏の3点（P.51参照）を意識し、電車やバスの揺れに耐える。

5秒キープ
×
3セット
丹田はへそから
指4本分下、
第2関節分
お腹の中にある。

インナーマッスルを強化！

腹部凹ませ体操

五臓六腑が収まるお腹が冷えていると、代謝が低下しやせにくい身体に。腹壁を凹ませてお腹の筋肉を鍛え、温める体操。

1 姿勢を正し、丹田を意識してお腹に手を当てる。

2 息を吸いながら、これ以上は凹ませられないくらい腹部を思いっきり凹ませて5秒キープ。

3 息を吐きながら腹部を思いっきり膨らませる。2、3を3回繰り返す。最後は軽く凹ませて終える。

美脚のための正しい立ち方と座り方

立つ姿勢、座る姿勢が整っている人は、それだけで周りに「美しい人」という印象を与えます。

美脚のための立ち方

立ち方 8 ステップ

1 壁に背をつけて立つ。

2 両足のかかとをつけて
つま先を 30 度ほど開く。

3 あごを引いてまっすぐ前を見る。

4 頭の上から糸で引っ張られる
イメージを持つ。

5 腹筋でお腹とお尻を引き締める。
丹田に意識をおく。

6 背中は左右の肩甲骨を寄せるように意識。
かつ、上半身の力は抜く。

7 頭、両肩、お尻、かかとを壁につけて…

8 そのまま歩く。

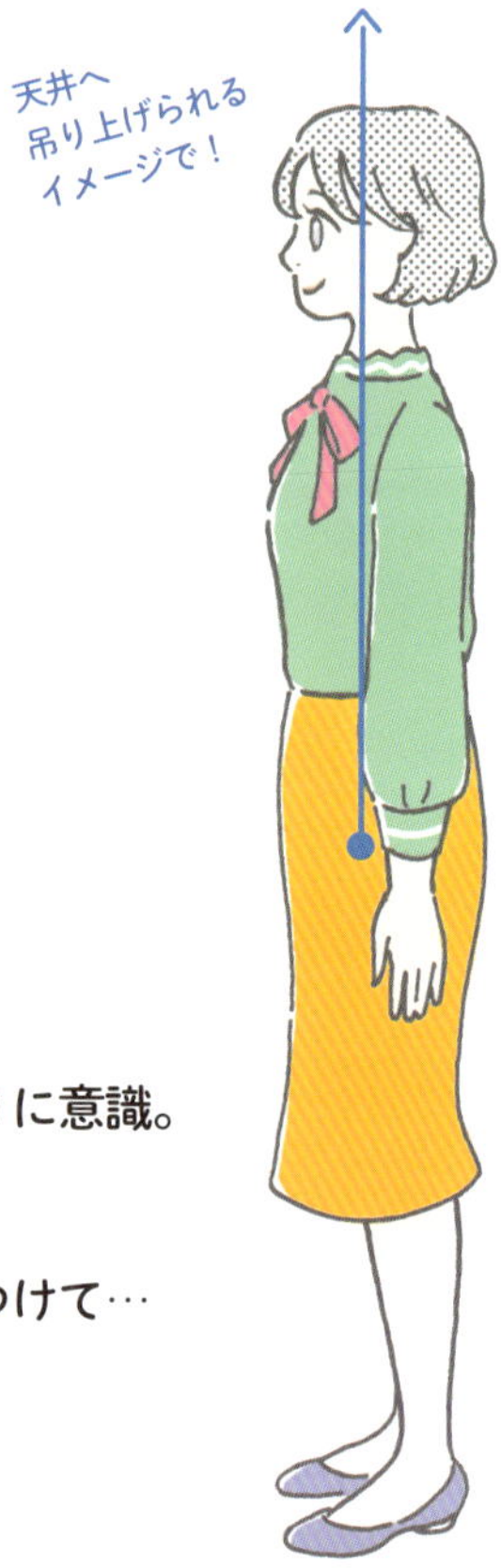

悪い癖が脚太りを招く。自分の癖を確認！

私たちは毎日、無意識に立つ動作・座る動作を繰り返しています。どちらの動作も自然に行うことができる分、悪い癖がつきがちです。それが習慣化して、身体の歪みの原因や脚太りの原因になるのです。一度、普段の自分の姿勢を鏡でじっくり見てみましょう。

また、歩き方も重要です。「美脚のための立ち方」8ステップをマスターしたら、つま先をまっすぐ前に向け、両足のひざをすり合

美脚のための座り方

座り方8ステップ

1. 椅子に深く座る。
2. 骨盤を立てる。
3. 背筋を伸ばし、肩の力を抜く。
4. 足は組まずにまっすぐ置く。
5. ひざを閉じる。
6. 足裏の3点（P.51参照）にバランスよく重心を置く。
7. お尻の穴を締める。
8. 逆腹式呼吸をして心を整える（3回）。

美脚に導く靴の選び方

普段使いするならつちふまずが安定するフラットなシューズが一番。歩幅が広くなり歩き方が美しくなる上、脂肪燃焼効果も。ヒールの高い靴は足裏全体で身体を支えられず、足に負荷がかかります。

わせながら1本のレールの上を大股で進むイメージで歩きます。骨盤を支える大腰筋が鍛えられ、脂肪燃焼力が上がるので、下半身を引き締めることができます。

相乗効果！手もみ習慣のススメ

足もみよりも気軽にできる手もみ。お昼休みや通勤途中など、スキマ時間に手をもむ習慣を。

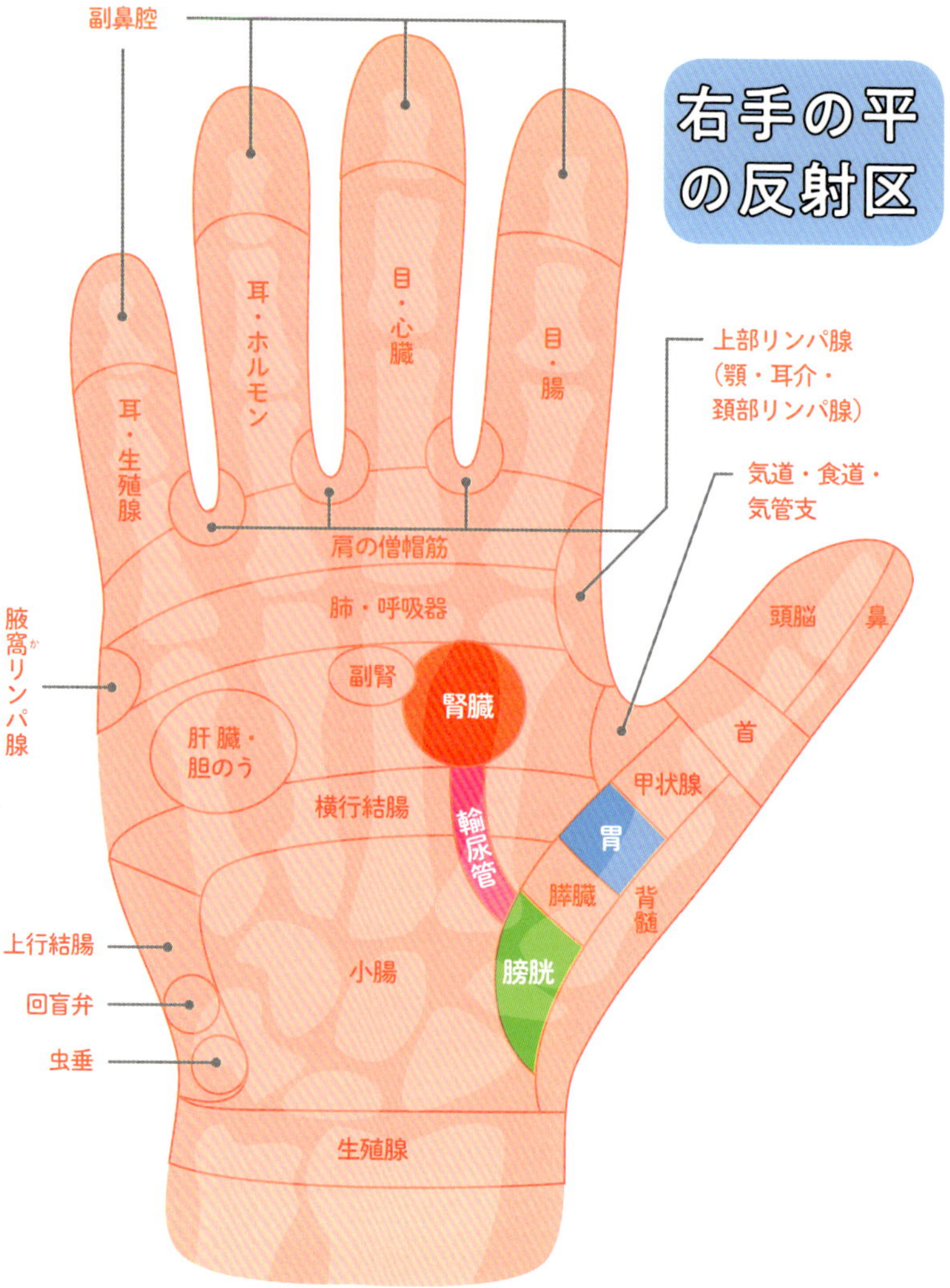

手もみで代謝を高めてダイエット効果を増幅

ツボといえば一般的に足裏の印象が強いかもしれません。しかし、実は手の平や甲にもたくさんのツボや反射区があります。足もみとともに行うことでより脚やせやダイエット効果が高まるのは、腎臓、輸尿管、膀胱、そして胃の手もみです。床に座って行う足もみに比べ、手もみはオフィスや通勤途中など、より気軽に行うことができるのが嬉しいポイント。さらなる相乗効果を目指しましょう。

左手の平の反射区

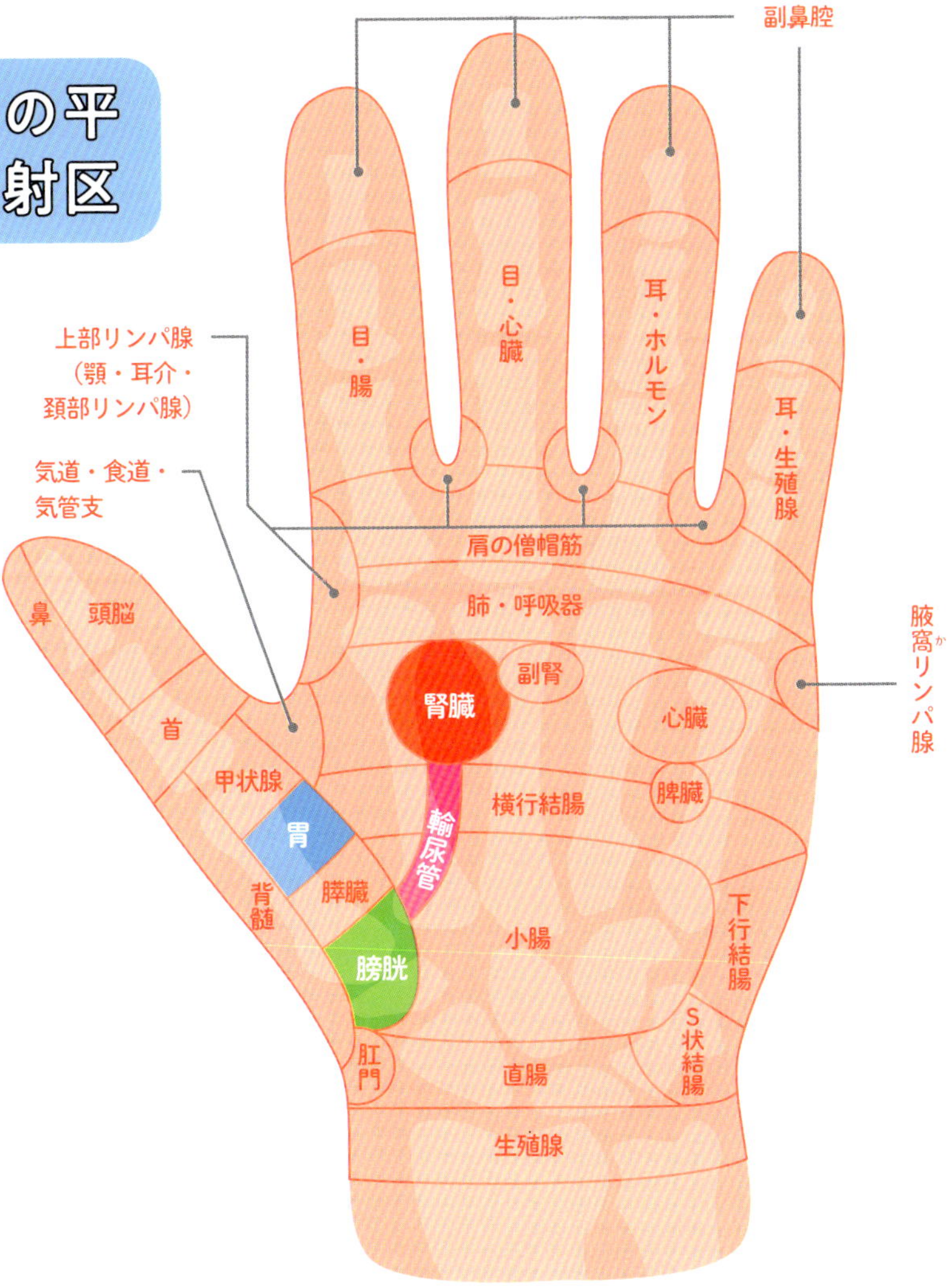

脚やせに効く手もみの方法

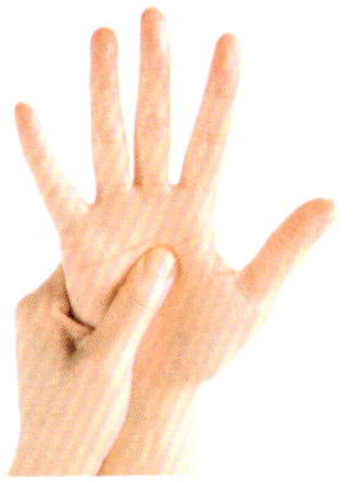

1 腎臓の反射区を３秒間親指でプッシュする。

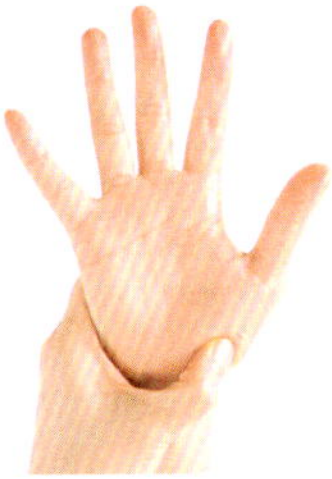

2 輸尿管の反射区をスライドし、膀胱の反射区を３秒間プッシュ。

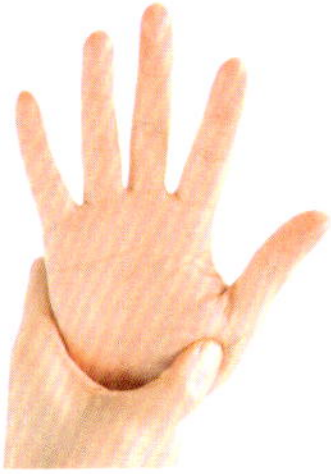

3 胃の反射区を３秒間プッシュ。左右の手、各3回ずつ行う。

キレイを生み出すむくみ予防の食材

むくみは美容やダイエットの大敵！　足もみ効果を助ける食材について考えましょう。

GOOD 食品

リンゴ

身体を温め、利尿作用も。

干しブドウ

成長ホルモンの分泌を促す。

カキ

コレステロール値を下げる。

ショウガ

身体を温め、解毒促進に。

緑茶・抹茶

カテキンに脂肪燃焼効果が。

キャベツ

栄養豊富で利尿作用もアリ。

トマトジュース

解毒と血液浄化の作用が。
（塩分０のものを）

アボカド

毒素排泄・老化予防のＷ効果。

納豆

発酵食品は腸内環境を整備。

はと麦茶

美肌効果。老廃物の排出促進。

BAD 食品

炭酸飲料
糖分入りのものは注意。

インスタント麺
食品添加物の問題も…。

加工肉
添加物や着色料の懸念も。

コーヒー
カフェインで胃腸機能低下。
（飲みすぎは NG）

スナック菓子
油分で肥満の原因にも。

パイナップル
南国の果物は身体を冷やす。

飴・ガム
人工甘味料が多いとNG。

白砂糖
身体を冷やす。黒糖に変更を。

お酒
適量を心がけ、摂りすぎは×。

麦茶
実は、身体を冷やす飲み物。

知識と心の声をもとに健康的な食習慣を

立ち仕事やデスクワークなどの生活習慣がむくみの原因としては一般的ですが、実はむくみは食習慣とも深く関係しています。むくみやすい食品としてあげられるのは、主に加工品やスナック菓子などの塩分の多い食べ物。加えて、身体を冷やす作用のある食材や飲み物も摂りすぎないように注意が必要です。

また、健康的なダイエットを目指すなら栄養に偏りがないようにバランスよく摂取することが大切です。好物でなくても「美味しい」「食べたい」と思うものが、今あなたの身体に必要な栄養分。自分の身体の声に耳をすませて、バランスを考えた食生活を心がけて。

スベスベになる足裏のスキンケア

あなたの足裏は、角質だらけになっていませんか？正しいケアでキレイな足裏を手に入れて。

硬くなった角質は温めて定期的にケア

私たちが普段、何気なく立ったり歩いたりしている時、足裏には全体重がかかっています。その圧力によって硬い角質ができてしまうのです。足をもんでいれば、角質は自然に取れてキレイな足裏になりますが、さらに人前でも堂々と見せられるふっくら&スベスベの足裏を目指して、角質を取り除く足健道美脚メソッドを紹介します。美脚とは足裏までのケアが行き届いていることを言うのです！

キレイな足で女子力UP!
3ステップの足裏ケア

1

ホットタオルで足を温める

温めた濡れタオルを足に巻き、30秒おく。あるいは足湯や湯船に浸かるのもOK。

2

柔らかくなった足裏の垢を落とす

ふやけて柔らかくなった足裏の垢や不要な角質を落とす。手で取りづらければ、擦り棒などを使って優しくすべらせるように擦る。強い刺激は角質肥厚の原因、擦りすぎには注意を。

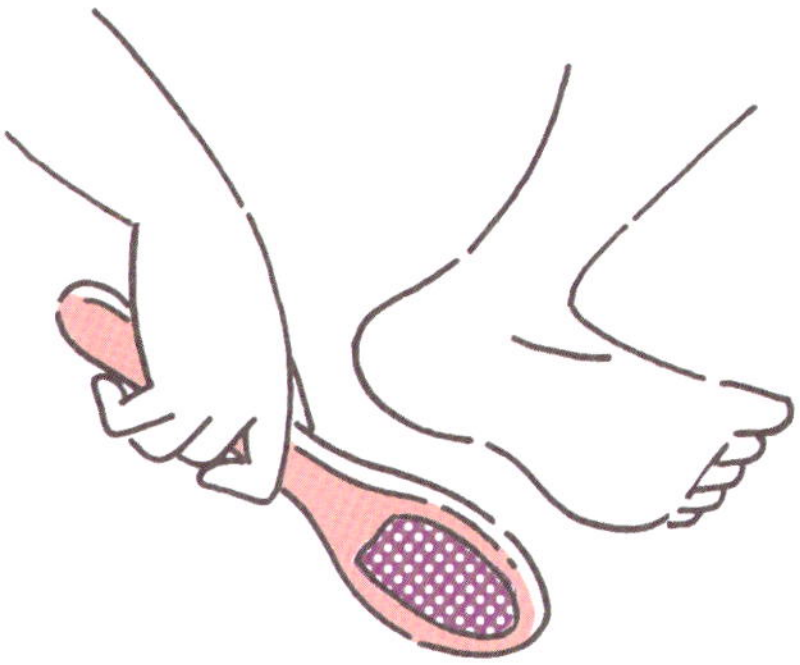

3

濡れタオルで丁寧に拭き取る

濡れタオルを使って、指の間やつめの際などの細かい汚れも拭き取る。これを週1〜2回くらい行うとGOOD。

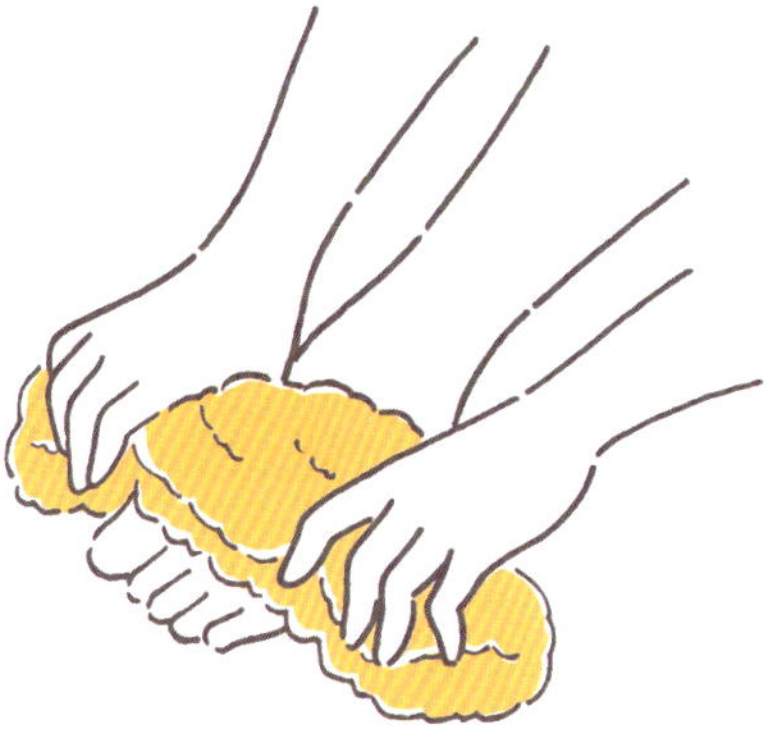

タコや魚の目のフットケア

タコや魚の目がある人は、その箇所に重心が偏っている証。放置していると、どんどん大きくなります。タコや魚の目の周囲を押したり、寝る前にクリームをたっぷり塗って絆創膏を貼るクリーム湿布で、改善します。

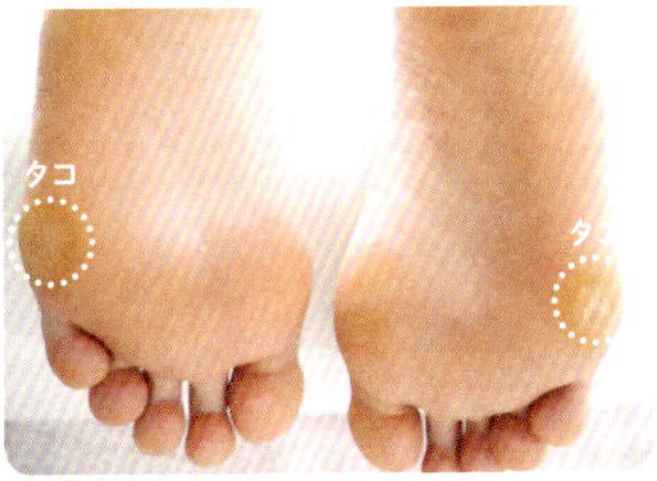

不調改善プログラム

貧血編

疲れやすくだるい 貧血の症状を軽減！

多くの女性を悩ませる辛い貧血。体がだるい、疲れが抜けないなどの体調不良の原因とされますが、食事の改善だけでは完治が難しいともいわれています。足もみで骨の中の造血作用を促し、はつらつとした元気を取り戻しましょう。

脳下垂体の反射区

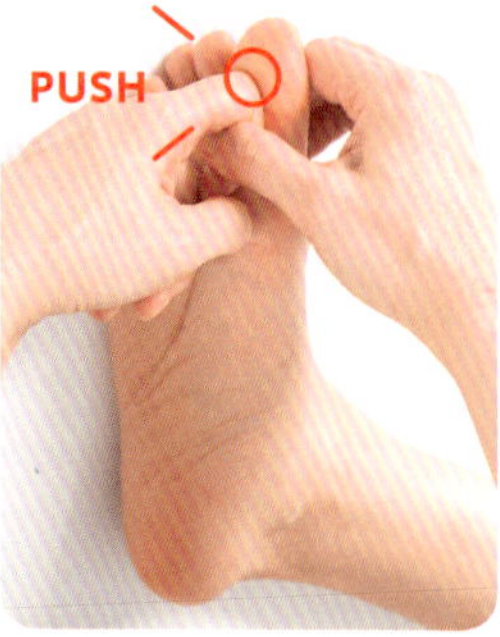

1

ホルモンの司令塔。親指の中心部分を3秒間、鋭角でプッシュ。ピリッとすれば、届いた証拠。

液かリンパ腺の反射区

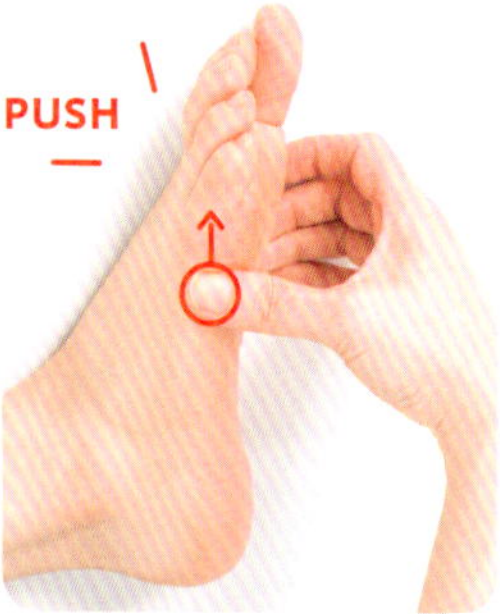

2

小指下の側面部分にある。骨の際に圧を入れ、上に押し上げるようにして3秒間の安定圧をかける。

胸部リンパ腺の反射区

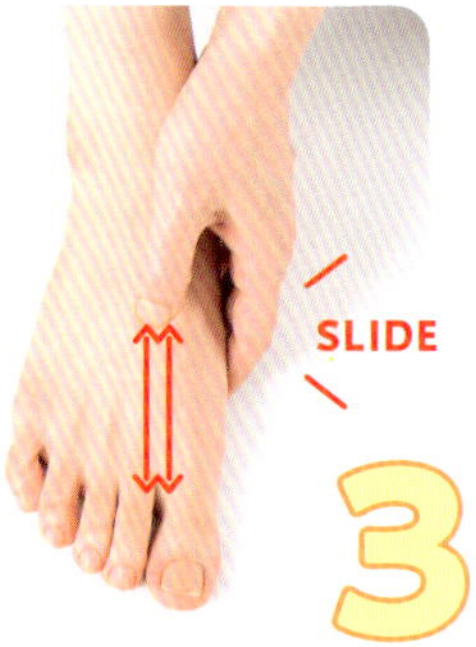

足の甲の親指と人差し指の間の2本のラインを、老廃物をブチブチと押し出すように親指で流す。

そけい部リンパ腺の反射区

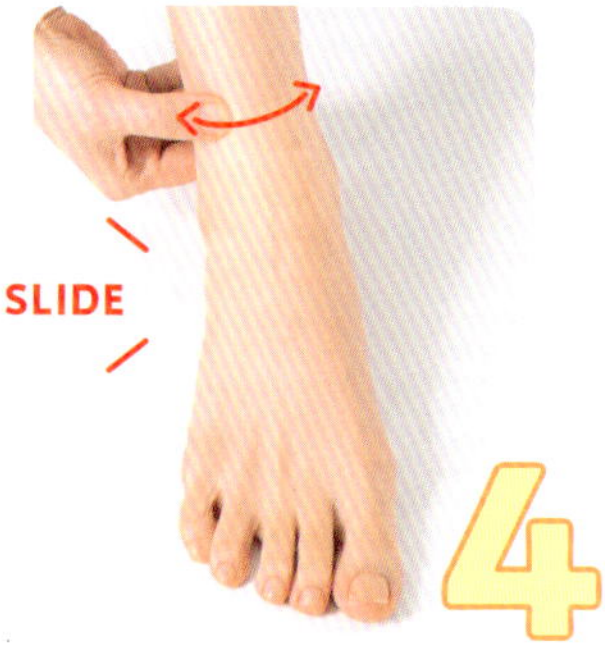

足首のつけ根前面にある。クリームですべらせながら往復する。

腎臓の反射区

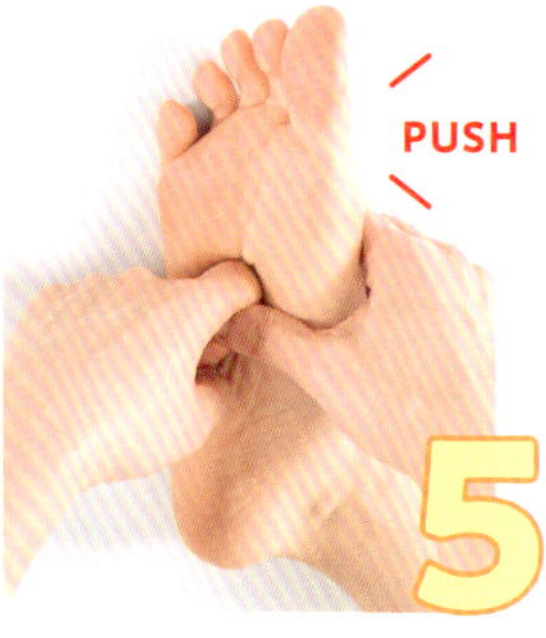

人差し指を鋭角にして、硬いところ、ジャリジャリするところに3秒間の安定圧をかける。

4章

もむだけ！全身やせプログラム

足健道式足もみの効果は、脚だけには留まりません。
足をもむことで、全身に血液が循環して、
お腹や二の腕、二重あごまで、みるみるサイズダウン！
頭から足先まで、憧れの美ボディをゲットしましょう。

足もみをすれば全身やせも叶います！

脚やせだけでは物足りない美意識の高い人へ。上半身が磨かれる「全身やせプログラム」の実践です。

自分が気になる箇所を集中的にケアしましょう！

二重あご
輪郭がスッキリするだけで美人度200%UP！
→ P.80

鎖骨（デコルテ）
女らしさが際立つセクシーな鎖骨を演出。
→ P.88

バストUP
足もみでハリのあるボリューミーバストに！
→ P.94

お腹
下腹すっきり、くびれのある美ボディに。
→ P.78

手の指
指輪やネイルが似合う女性らしい指先に。
→ P.92

背中
自分では見えない分、特に油断は禁物！
→ P.86

二の腕
ノースリーブをカッコよく着こなしたい人へ。
→ P.82

ヒップ
ヒップが上がることで脚を長く見せる効果が。
→ P.84

ひじ下
すっと伸びたほっそりラインへ変身！
→ P.90

脚やせを応用した全身やせプログラム

足もみの効果は、脚だけには留まりません。第2の心臓であるふくらはぎをもむことは、全身の血液の循環を促し、全身の筋肉を緩めます。そして、足にあるツボや反射区を押したり流したりすることで、身体のありとあらゆる箇所へ働きかけることができます。

　ここからは顔や腕、お腹、ヒップなど、全身やせを目指す足もみをご紹介していきます！

全身やせプログラムの組み方

10分・30分のコースは美脚プログラムと同じ流れに。時短の場合は、ふくらはぎを重視します。

楽しく続けられる！ 毎日の10分コース

1 Before 毒素排泄力UP
両足 2 分

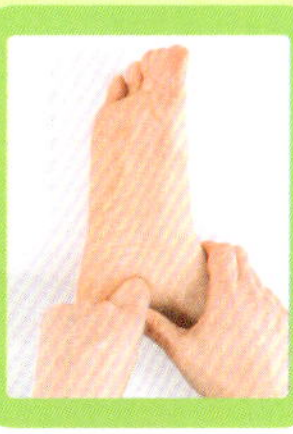

→P.36

2 Main 全身やせプログラムから2〜3箇所を選択
両足 6 分

→P.78〜95

3 After デトックス
両足 2 分

→P.54

より早く効果を出す じっくり30分コース

1 Before 毒素排泄力UP
両足 4 分

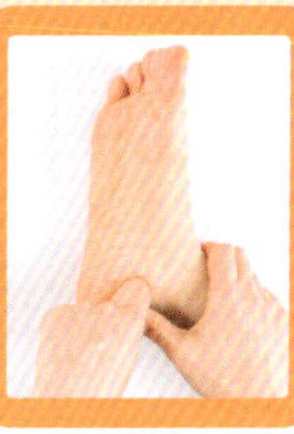

→P.36

2 Main 全身やせプログラムの全9箇所を全て
両足 22 分

→P.78〜95

3 After デトックス
両足 4 分

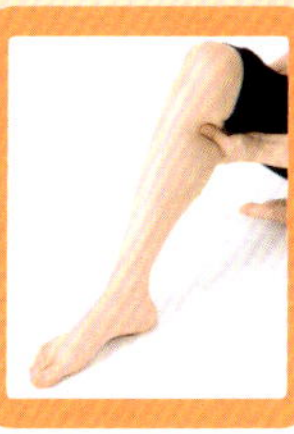

→P.54

忙しい日はこれだけ 時短の5分コース

1 Main 美脚プログラムのふくらはぎ
両足 5 分

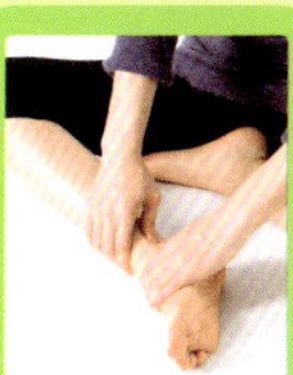

→P.40

時間がない日は、第2の心臓であるふくらはぎを重点的に。血液の循環が促進され、全身やせにプラスに働きます！

全身やせプログラム 1

脱・ポッコリ下腹太り！

お腹

下腹を凹ませてウエストのくびれを取り戻したい。そんな目標に向けて、反射区の足もみをコツコツ行いましょう。

ここをもむ！

❶ 小腸の反射区
❷ 大腸の反射区
❸ 腹壁の反射区
❹ 下腹部の反射区

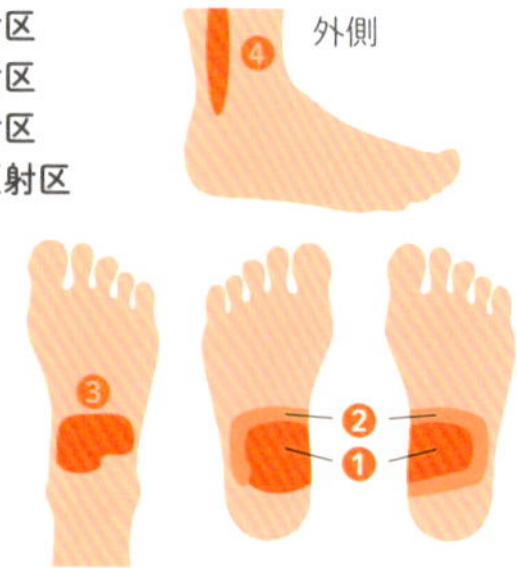

小腸の反射区

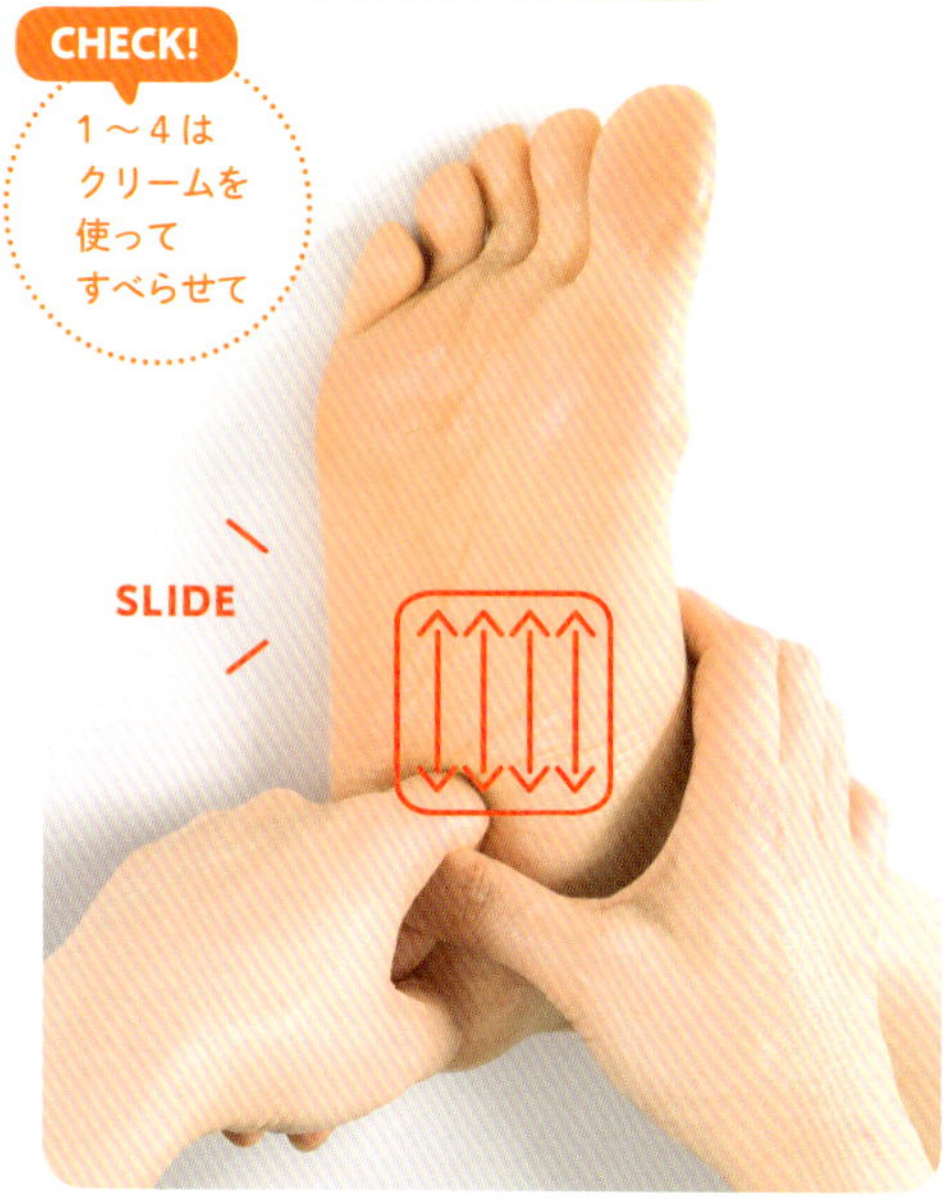

1 小腸の反射区を鋭角でスライド

足の中心より下側。鋭角（深め）で全体を流しながらほぐす。

大腸の反射区

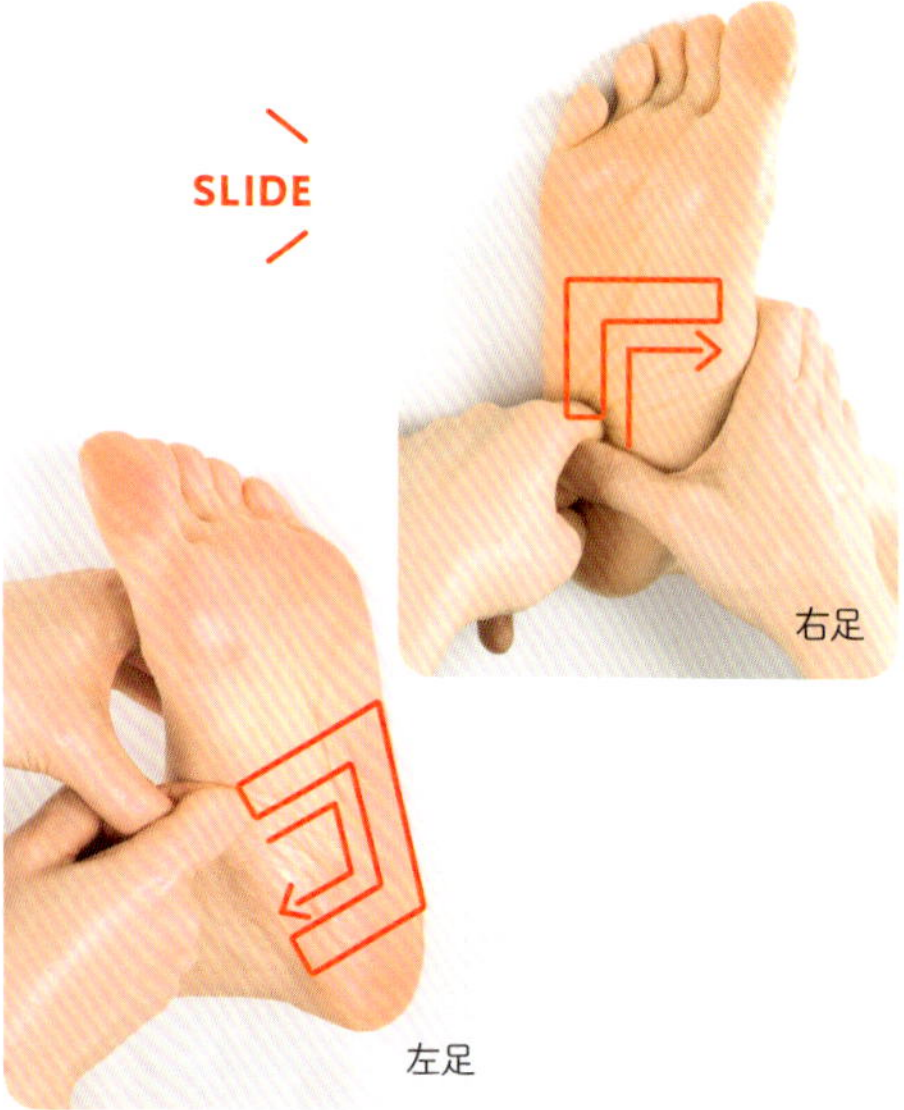

2 大腸の反射区を鋭角でスライド

左右で異なる。鋭角（深め）で老廃物を押し流すようにしごいていく。

and MORE

さらにチャレンジ!

腹部凹ませ体操

丹田に意識をおいて、息を吸いながらこれ以上凹ませられないくらい、お腹を凹ませる習慣をつけて。これだけで自律神経のバランスも調整できる。（P.65 参照）

腹壁の反射区

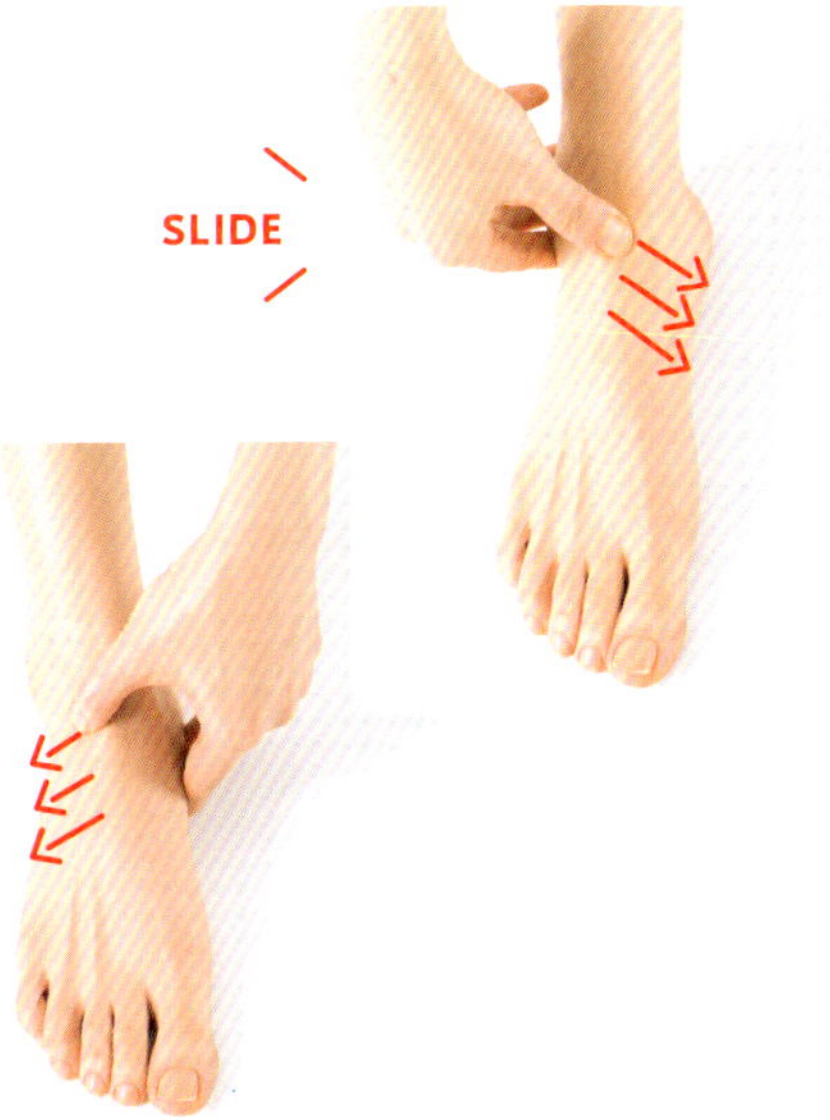

3 腹壁の反射区を親指でスライド

左右に3列ずつ流す。足の甲は皮膚のすぐ下に筋や骨があるので、クリームを使ってすべらせながら、ブチブチした老廃物を流す。

下腹部の反射区

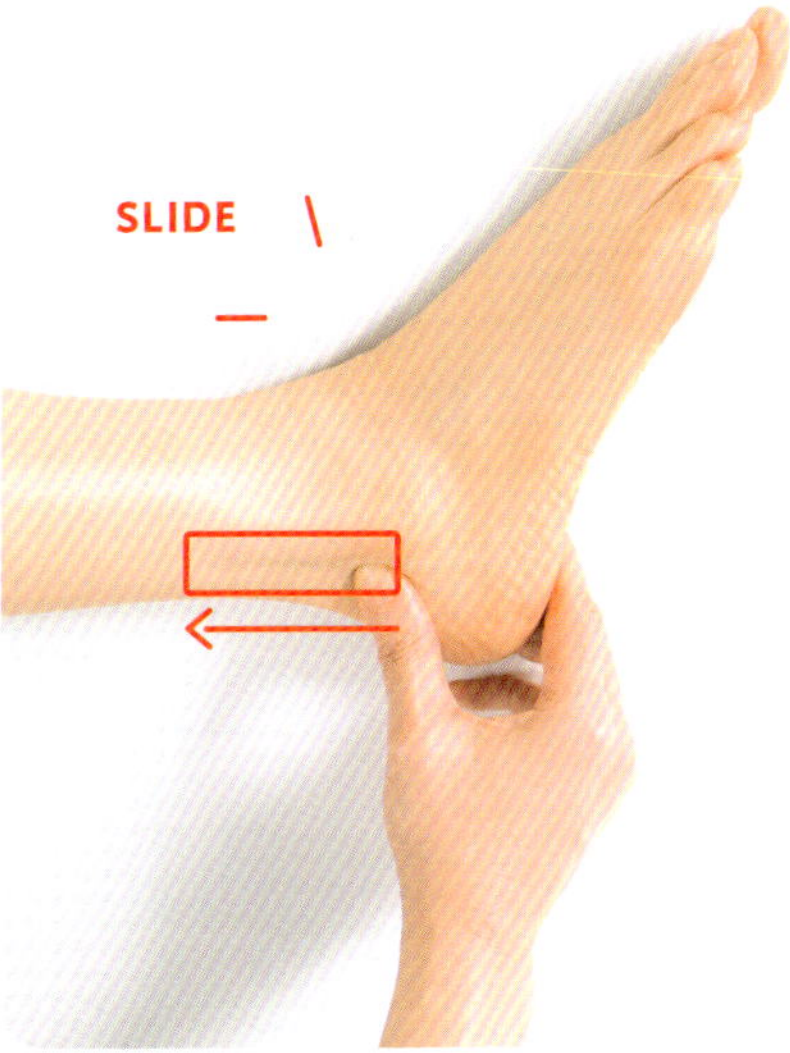

4 下腹部の反射区を親指でスライド

外側くるぶしのすぐ後ろの骨の際に沿って、親指をくい込ませるようにしてしごく。

全身やせプログラム 2

顔周りの老廃物を流して小顔に!

二重あご

二重あごの原因はむくみです。ツボをしっかり押して流すことで、顔周りがスッキリ！　理想の小顔が手に入ります。

ここをもむ！

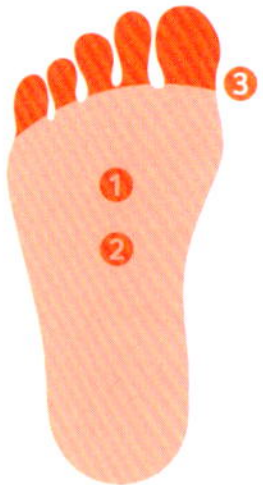

❶ 湧泉（ゆうせん）のツボ
❷ 足心（そくしん）のツボ
❸ 中足骨の関節

湧泉(ゆうせん) のツボ

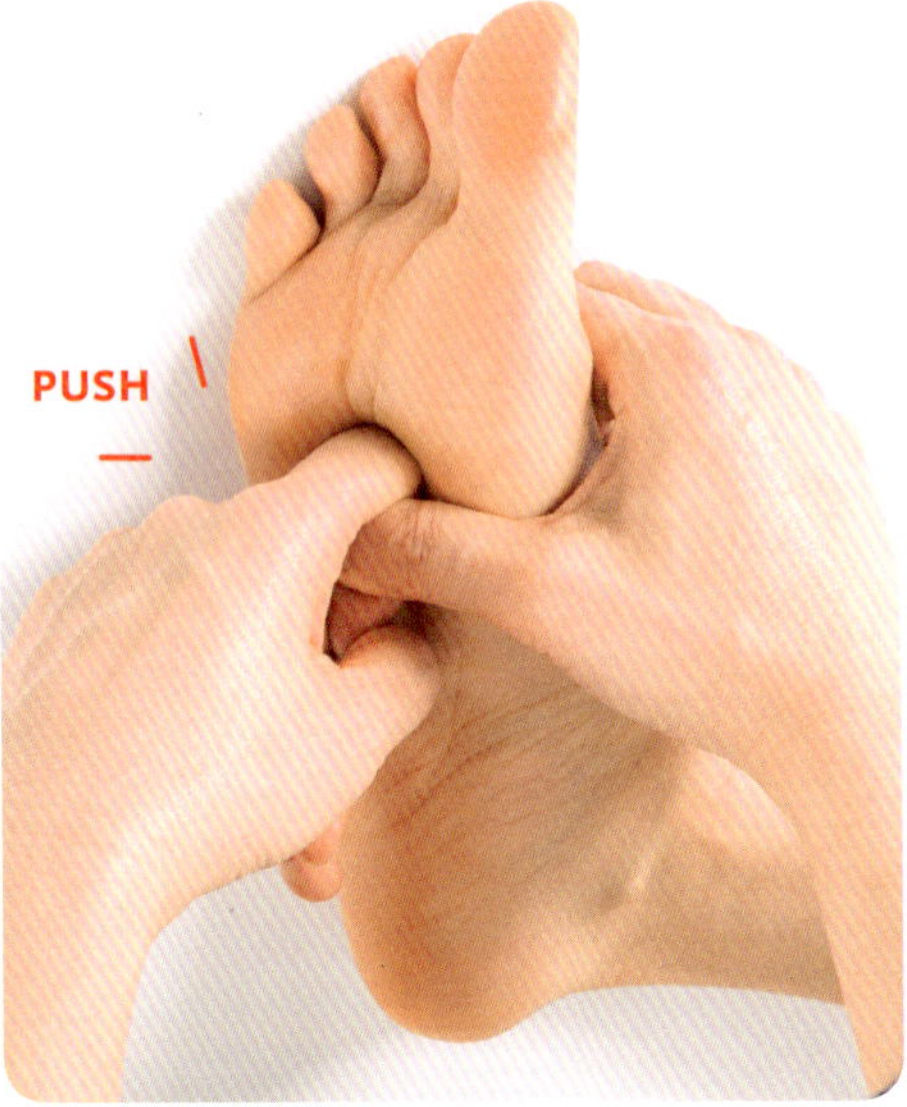

1 湧泉のツボを鋭角でプッシュ

足でグーをした時に凹むところにある。鋭角（深め）で向こう側（足の甲）に突き抜けるように3秒間安定圧をかける。

足心(そくしん) のツボ

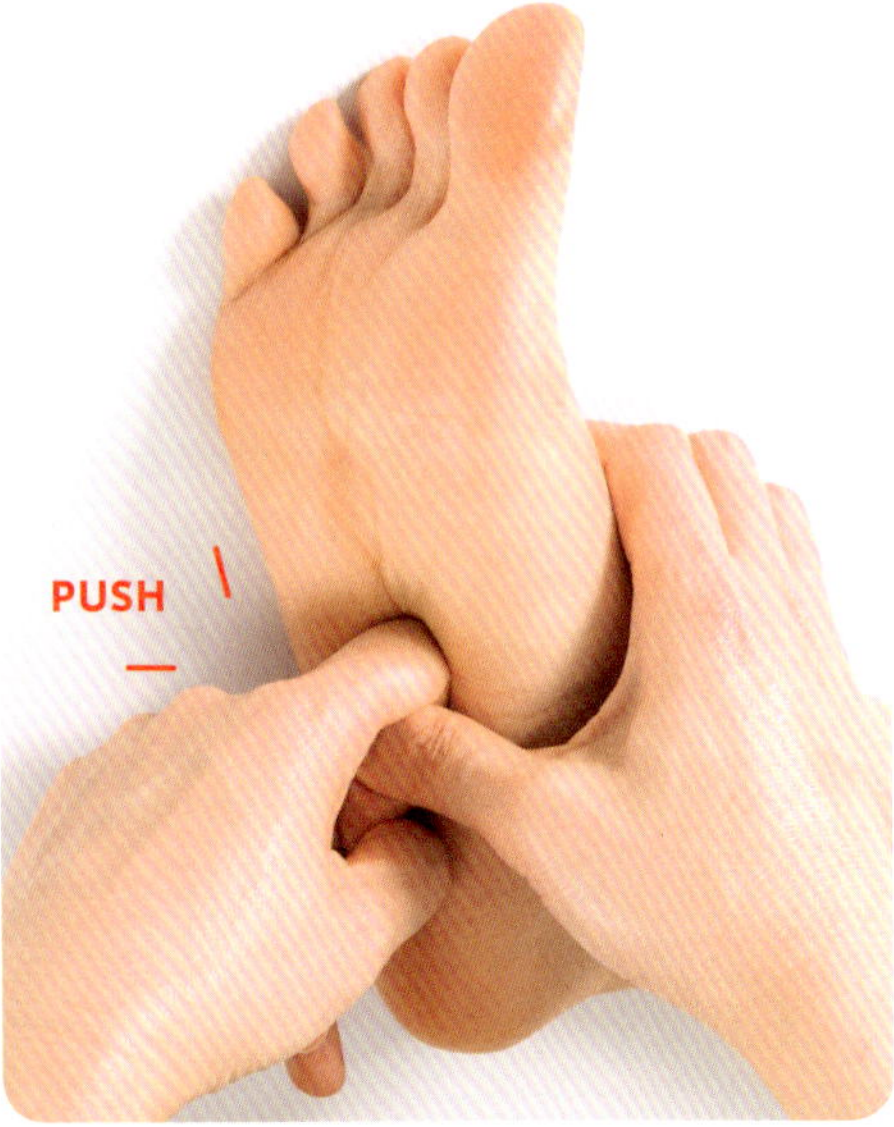

2 足心のツボを鋭角でプッシュ

足裏の中心にある。鋭角（深め）で向こう側に突き抜けるように深い安定圧をかける。

and MORE

さらにチャレンジ!

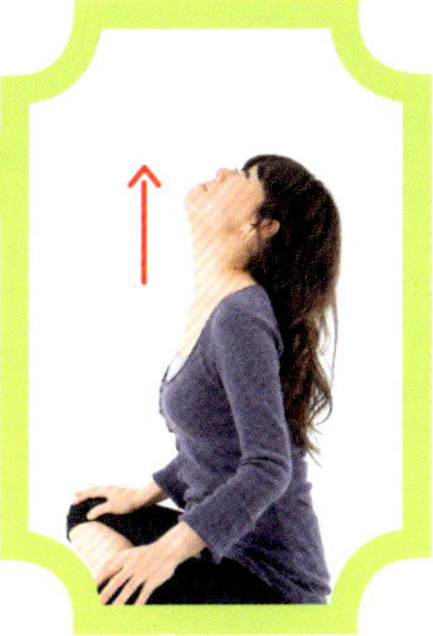

あごを突き上げて3秒キープ

下あごを前に出すようにしてあごを突き上げ、首筋がしっかり伸びるのを感じながら3秒キープ。これを3回繰り返す。

中足骨の関節

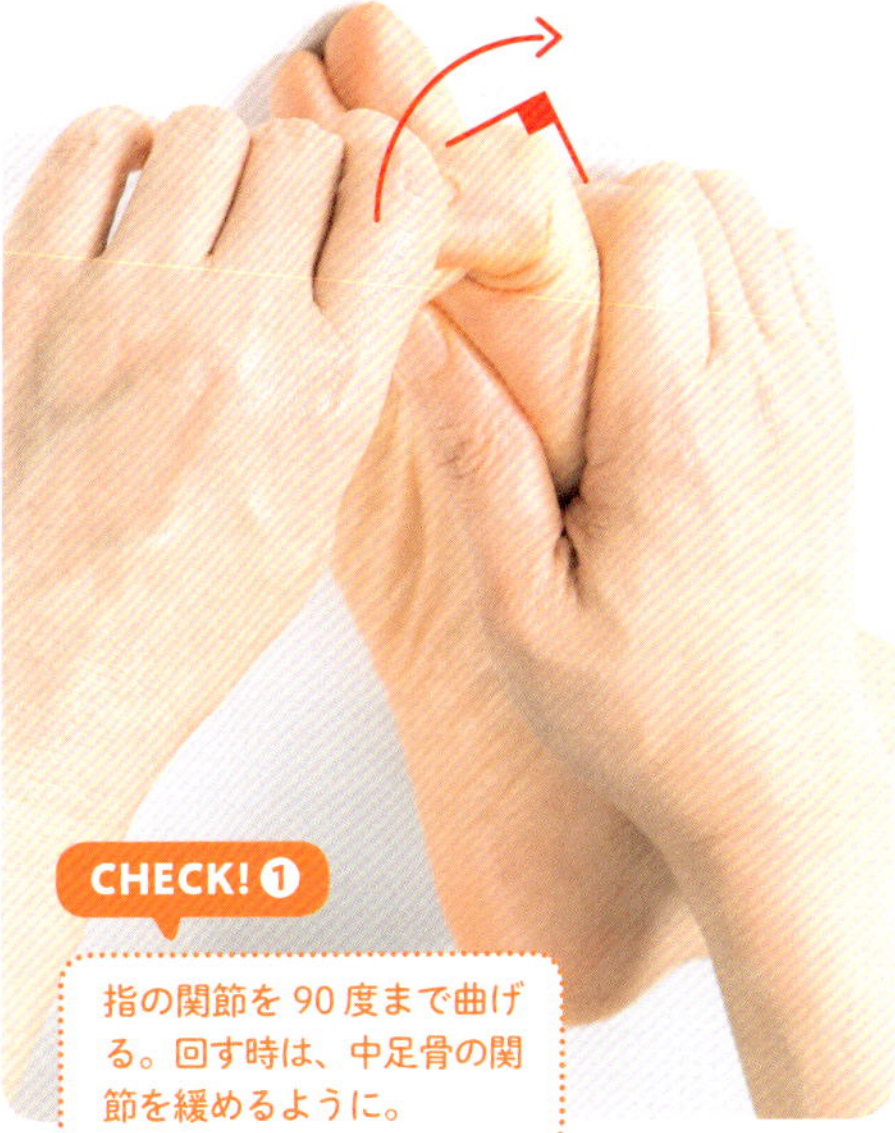

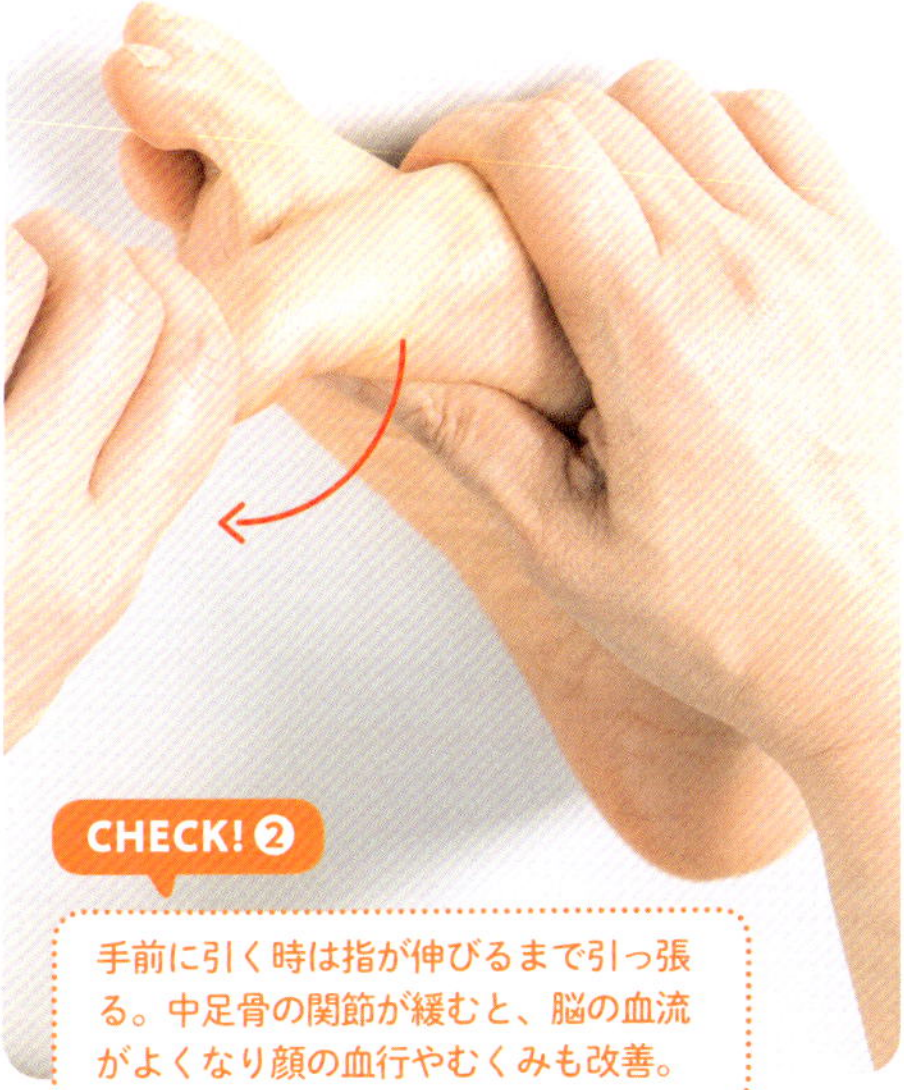

CHECK! ❶

指の関節を90度まで曲げる。回す時は、中足骨の関節を緩めるように。

CHECK! ❷

手前に引く時は指が伸びるまで引っ張る。中足骨の関節が緩むと、脳の血流がよくなり顔の血行やむくみも改善。

3 5本の指を順番に回す

指のつけ根を抑えて固定し、関節を緩めながら外回しに5回、内回しも同様に行う。

全身やせプログラム 3

ノースリーブが似合う美しい腕に

二の腕

加齢とともに気になる、二の腕のお肉の緩み。キレイなラインを取り戻し、夏のノースリーブも着こなしましょう。

ここをもむ！

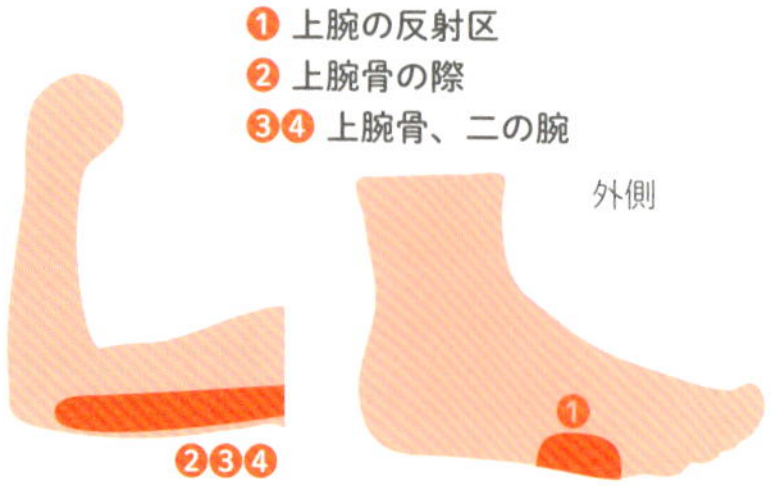

上腕の反射区

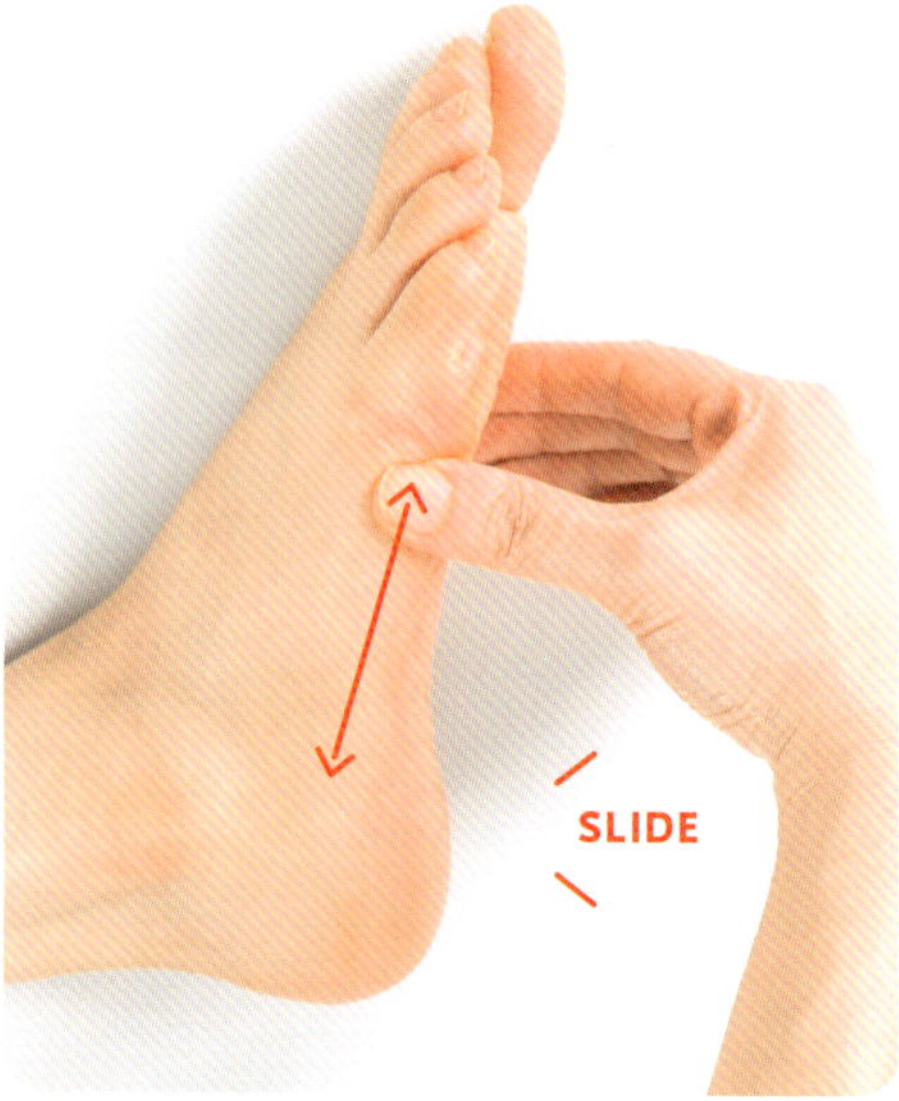

1 上腕の反射区を親指でスライド

足の外側（小指の下）の骨の際を押し、安定圧をかけたまま、上下にしごく。クリームを使うこと。

上腕骨の際

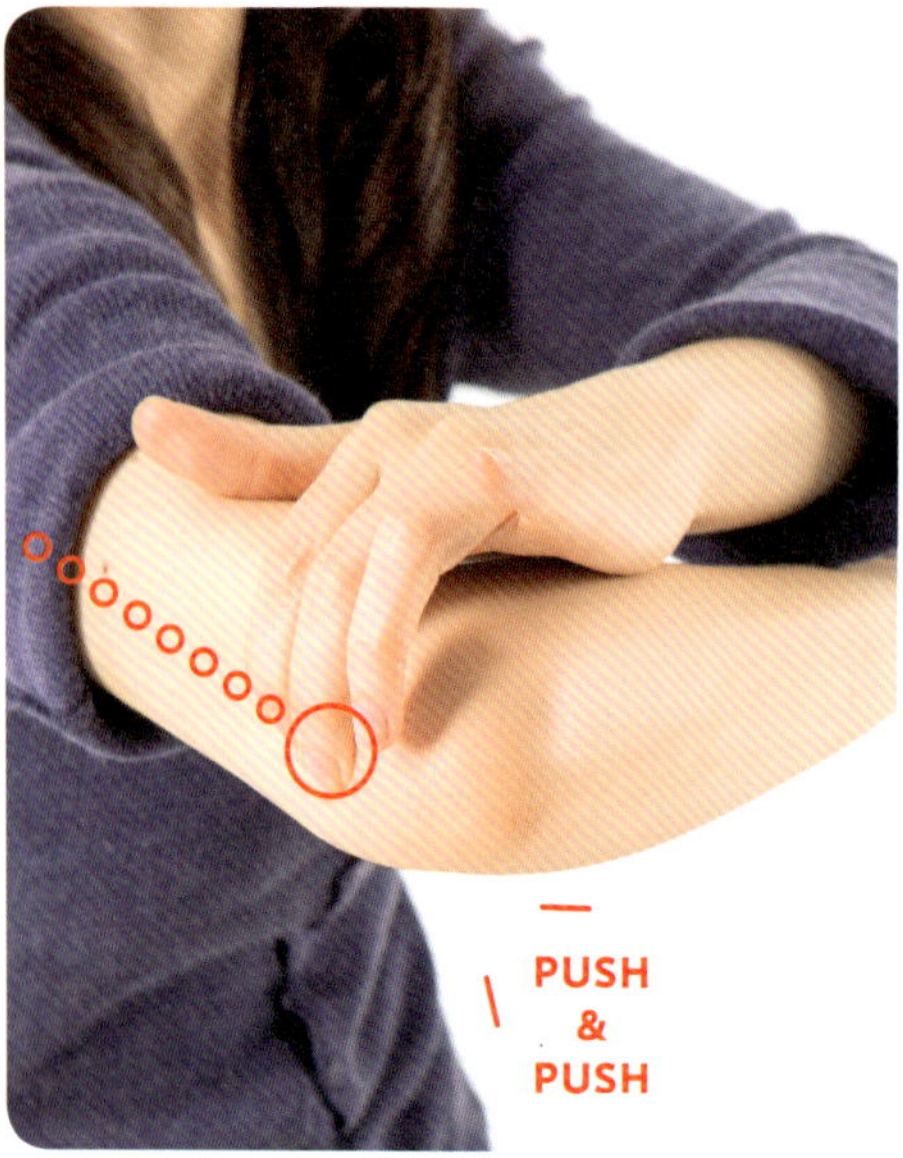

2 上腕骨の際に沿ってプッシュ

ひじから肩に向けて、人差し指と中指を使って順番にイタ気持ちいい圧で押してほぐしていく。

and MORE

さらにチャレンジ!

ひねって引き締め二の腕体操

手の平を天井に向けて、両手を横に広げる。左手を一周ねじり、目線も左に。キレイに手の平が天井に向くようにねじり、5秒キープ。逆の手でも同様に行うこと。

上腕骨と二の腕

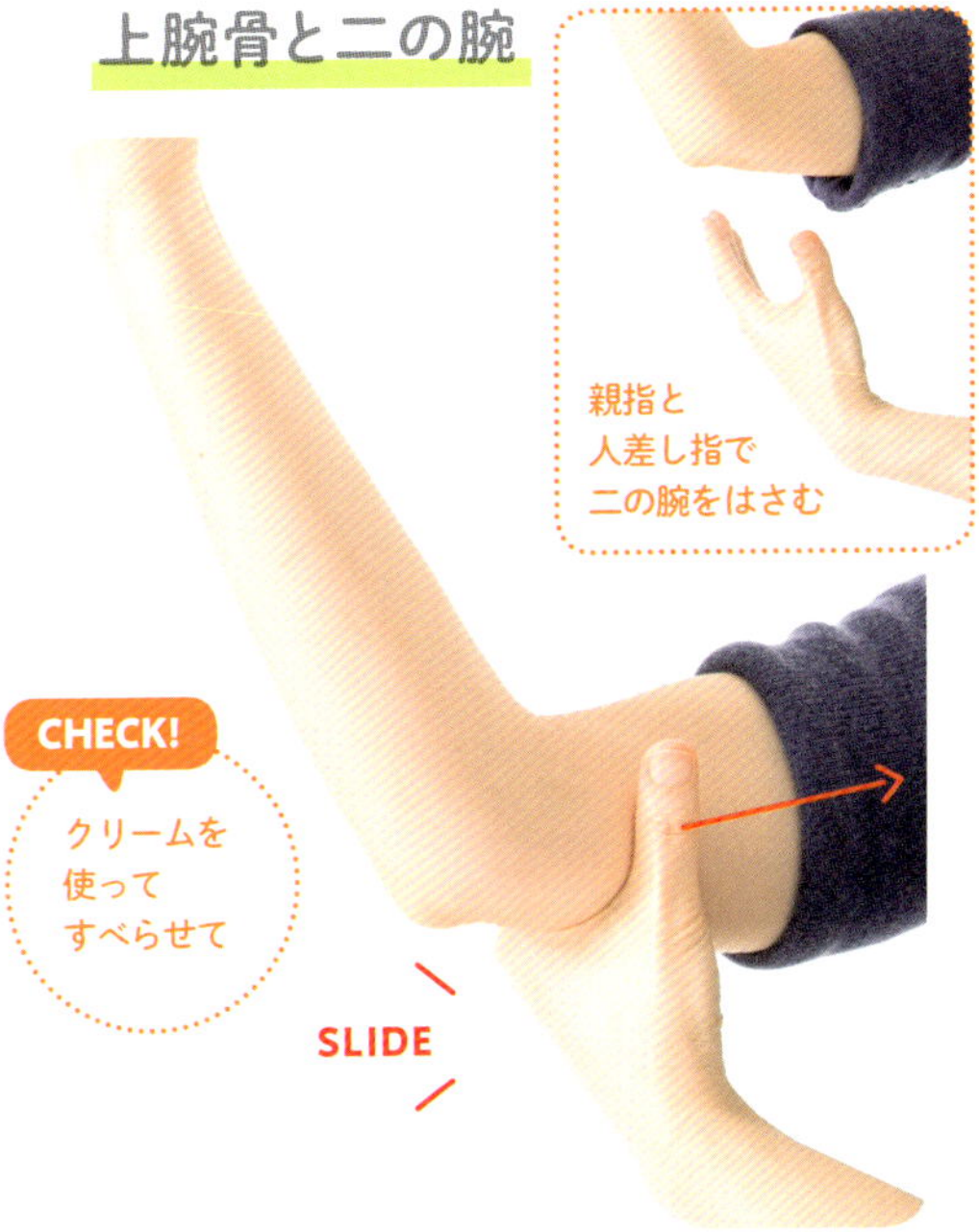

親指と
人差し指で
二の腕をはさむ
CHECK!
クリームを
使って
すべらせて
SLIDE

二の腕

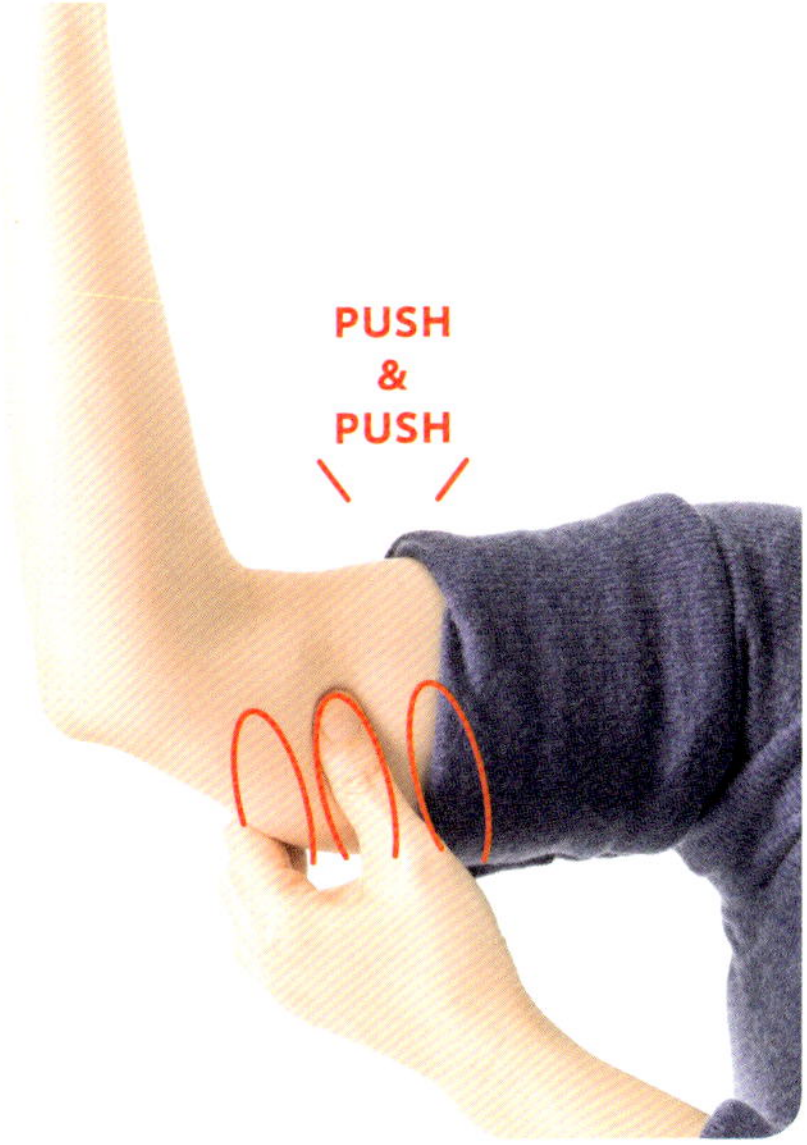

PUSH
&
PUSH

4 上腕骨と二の腕部分をスライド

親指、人差し指の側面を使い、ひじから腕のつけ根（脇のリンパ）に向けて３回流す。

3 二の腕をもむ

コリコリとした硬い部分や、イタ気持ちいいところを指ではさんでもみ込む。

全身やせプログラム 4

キュッと上を向いた美尻へ!

ヒップ

ヒップが上がれば、下半身全体も長く細く引き締まります。天井の方を向いた、キュッとハリのある美尻を目指しましょう。

ここをもむ!

❶ 尾骨の反射区
❷ 生殖腺の反射区
❸ 股関節（外側）の反射区
❹ 股関節（内側）の反射区

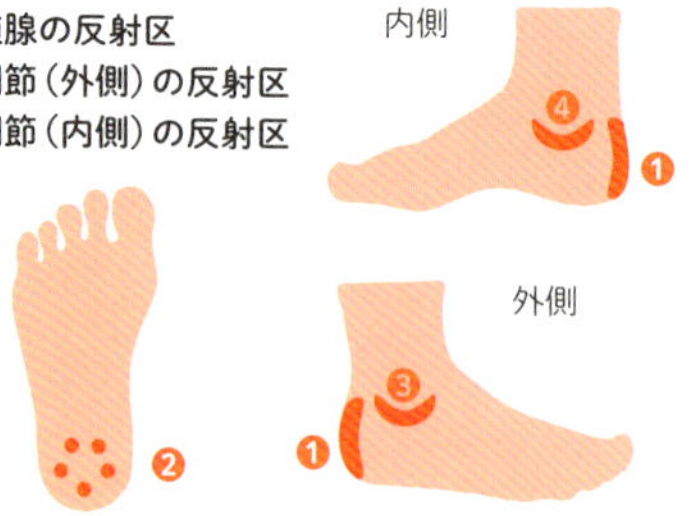

尾骨の反射区

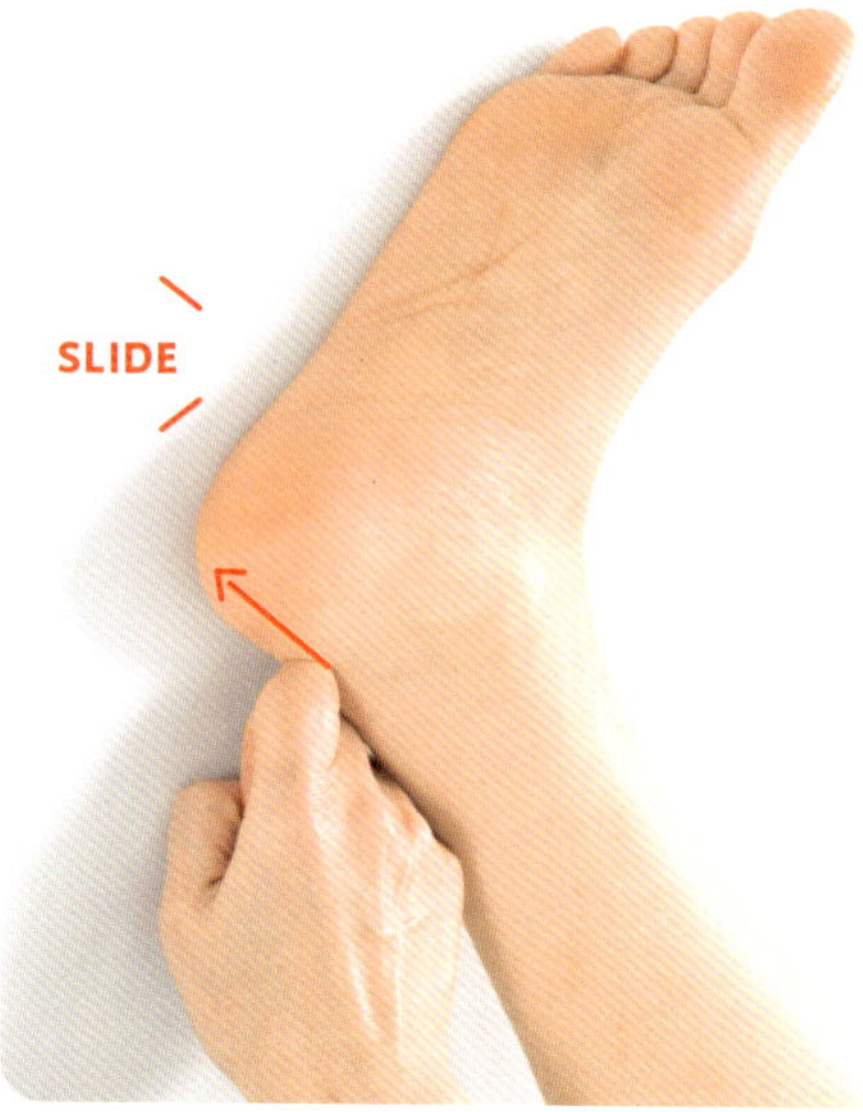

1 尾骨の反射区を鋭角でスライド

骨の際に沿って、かかと上部からかかと底へクリームを使ってブチブチと老廃物を絞り出すように流す。

生殖腺の反射区

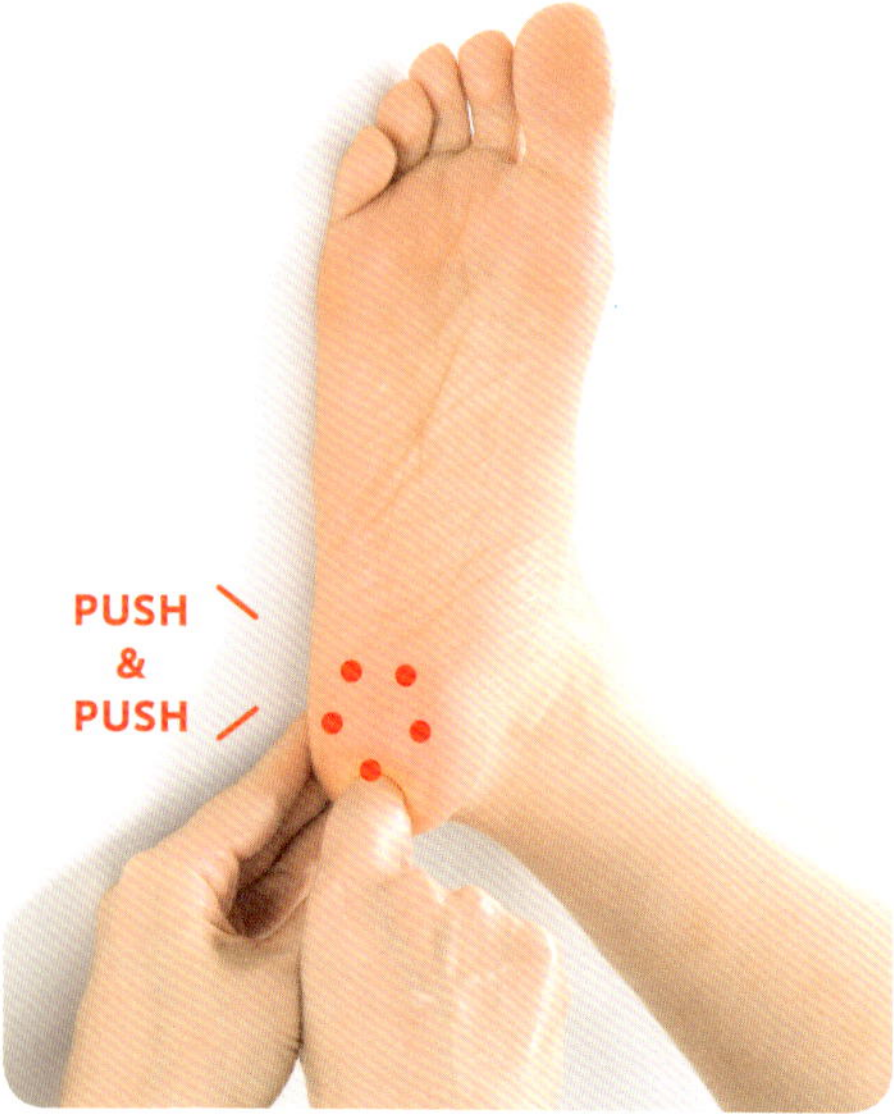

2 生殖腺の反射区を鋭角でプッシュ

かかと５ヶ所に３秒間の安定圧をかける。角質で硬くなっている場合は、強めに深く入れる。

and MORE

さらにチャレンジ!

立ったままヒップアップ体操

お尻の穴をキュッと絞り上げるように締めて、お尻に力を入れて筋肉を固める。腰を反らさないようにして左足を後ろに引き上げ5秒キープ。5回繰り返す。右足も同様に行う。

股関節（外側）の反射区

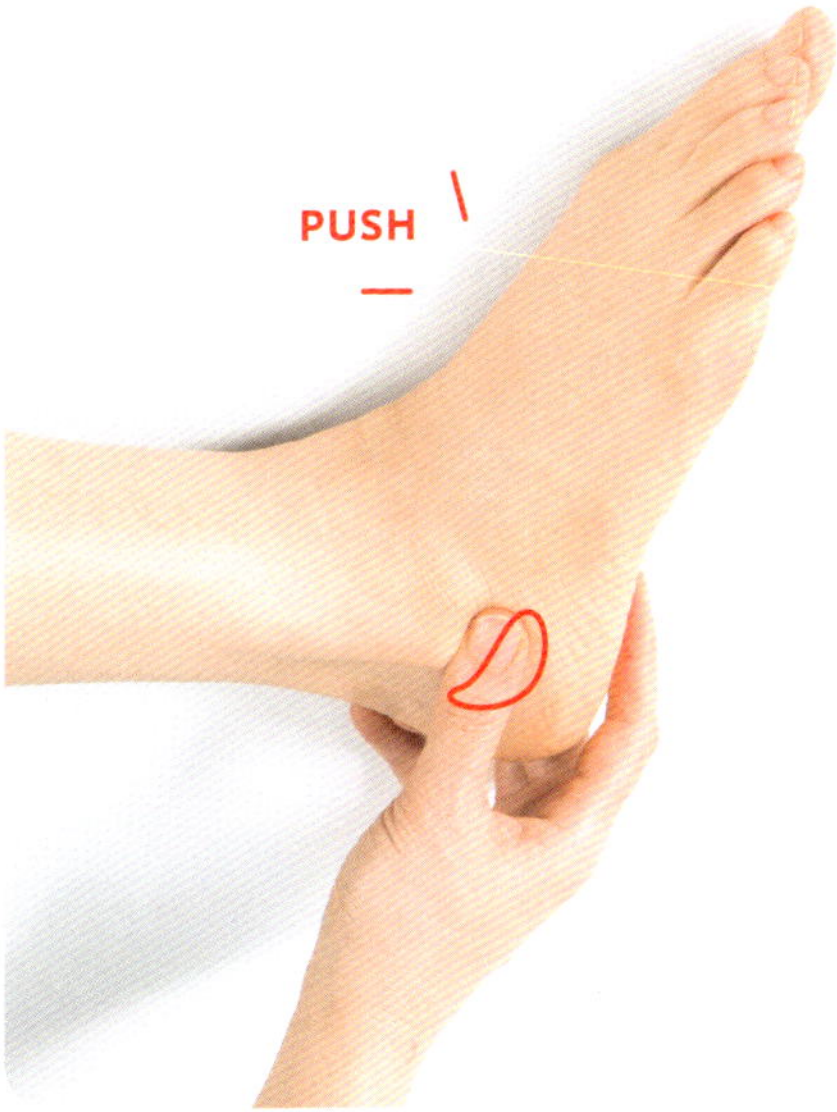

3 股関節（外側）の反射区を親指でプッシュ

外側くるぶしの際に親指の側面をくい込ませるように３秒間の安定圧をかける。

股関節（内側）の反射区

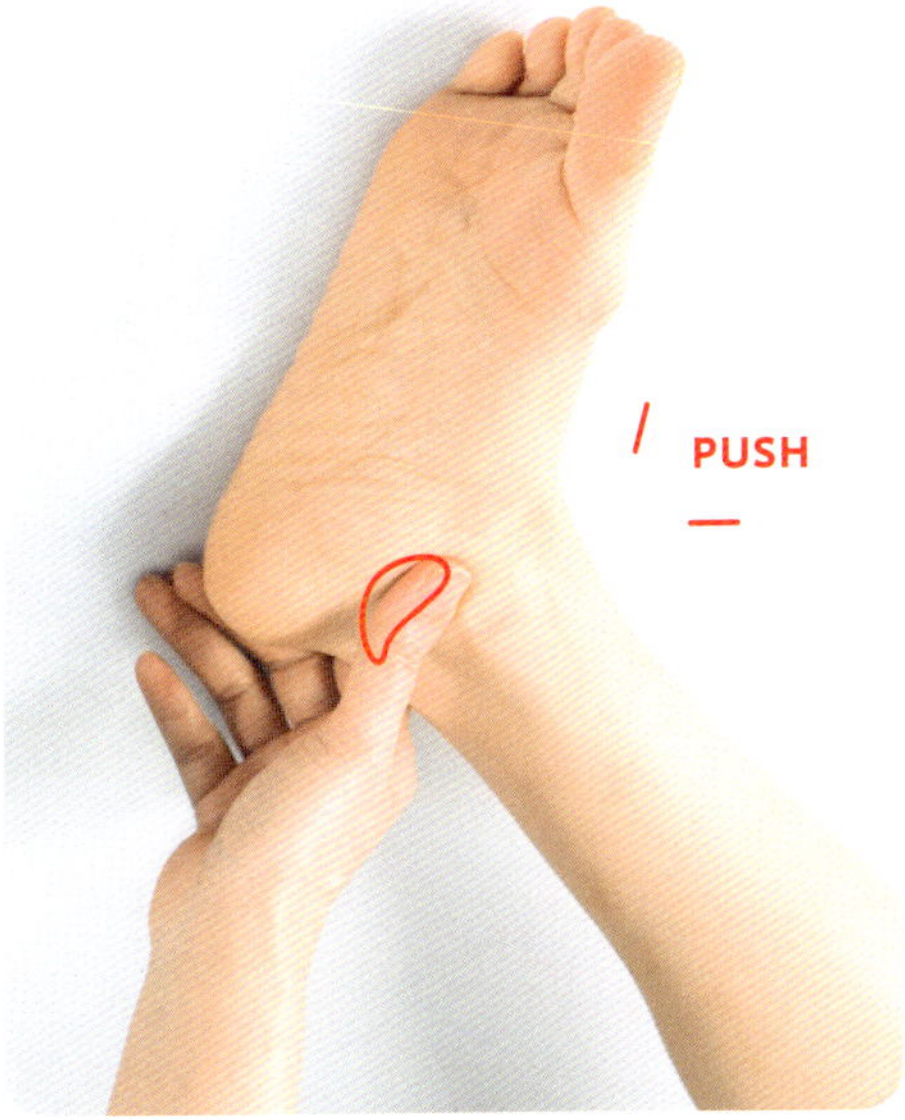

4 股関節（内側）の反射区を親指でプッシュ

内側くるぶしの際に親指の側面をくい込ませるように３秒間の安定圧をかける。

全身やせプログラム 5

自分で見えないからこそ丹念に

背中

肩甲骨がキレイに見える背中は、パーティドレスにも映えます。タプタプしたお肉を落として背中美人を目指しましょう。

ここをもむ！

❶ 胸椎の反射区
❷ 腰椎の反射区
❸ 仙骨の反射区
❹ 胸椎、腰椎、仙骨の反射区の骨の上

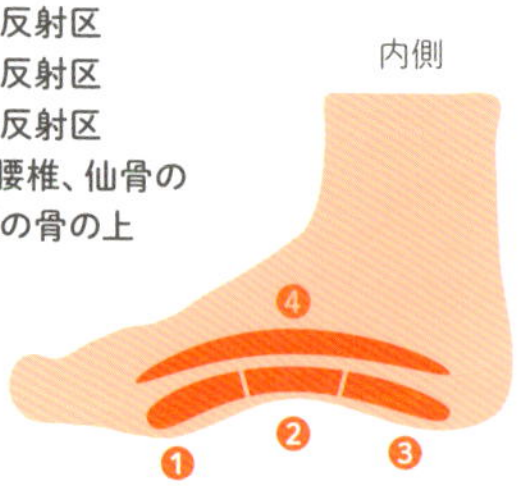

胸椎の反射区

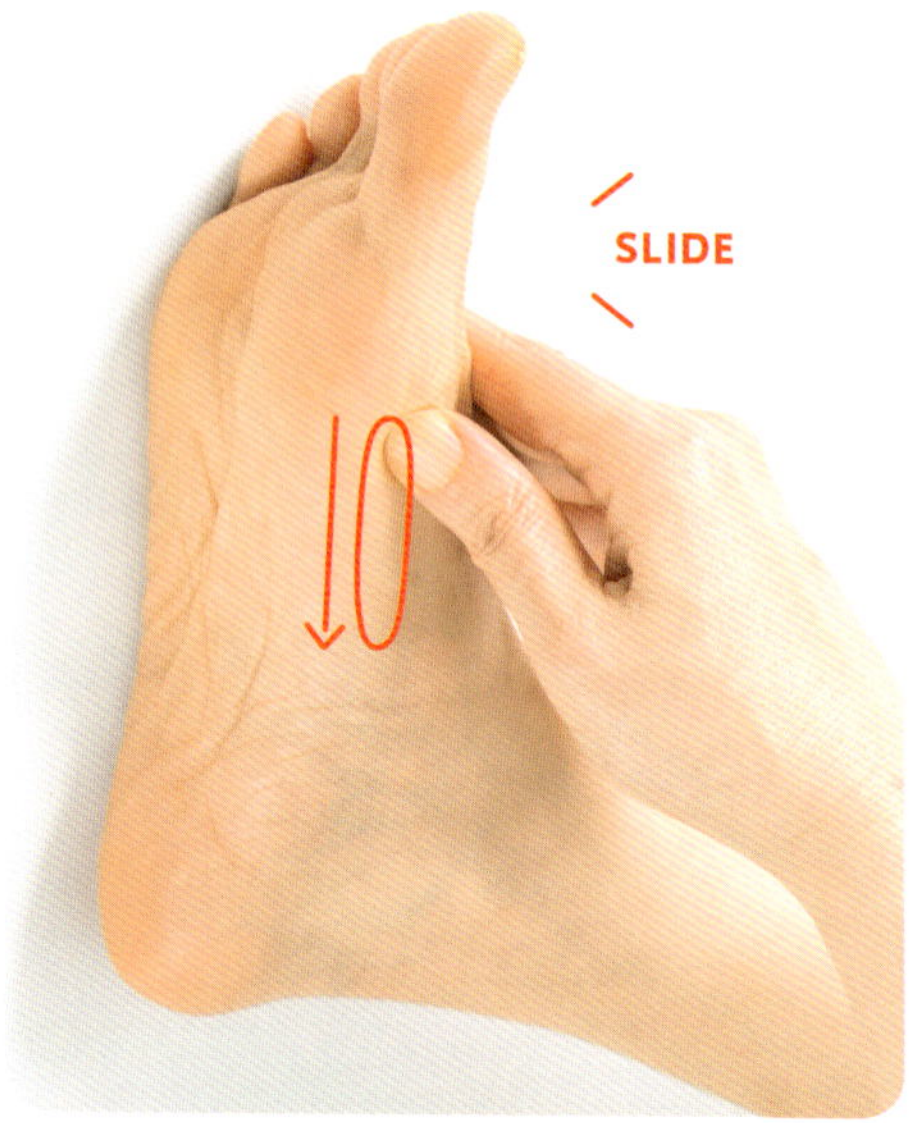

1 胸椎の反射区を親指でスライド

足の内側、つちふまず上部のアーチ部分を、クリームを使ってブチブチとつぶしながら骨の際に沿って流す。

腰椎の反射区

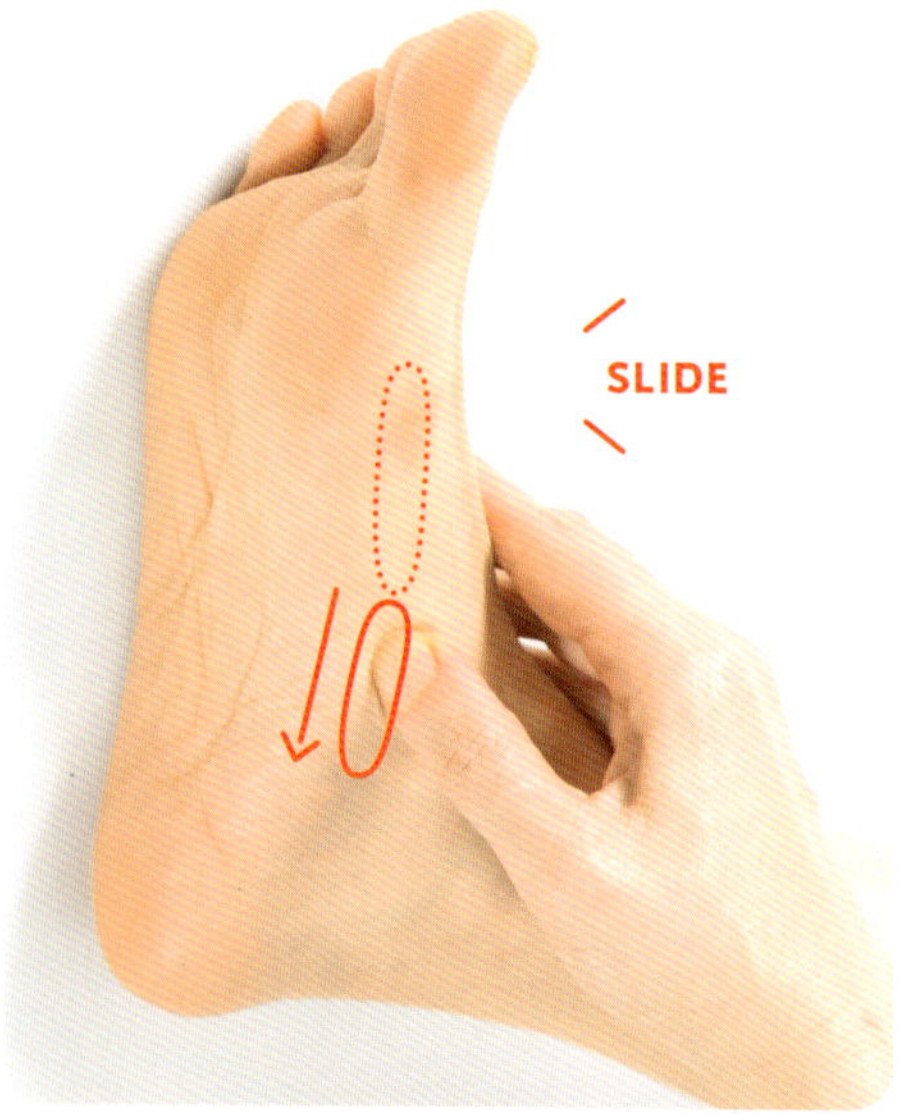

2 腰椎の反射区を親指でスライド

胸椎の反射区から続くかかと寄りの部分を、クリームを使ってブチブチとつぶしながら骨の際に沿って流す。

and MORE

さらにチャレンジ！

みぞおちを斜め45度上へ

肩をぐっと上げ、肩甲骨を後ろに寄せてから肩を下ろすと、みぞおちが上に向く。背筋を上下に伸ばし、贅肉がつかない背中をキープ。胸が開くので呼吸が自然に深くなり、代謝UPにつながる。

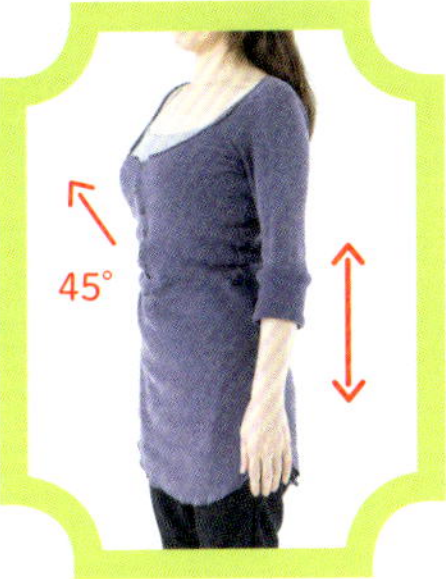

仙骨の反射区

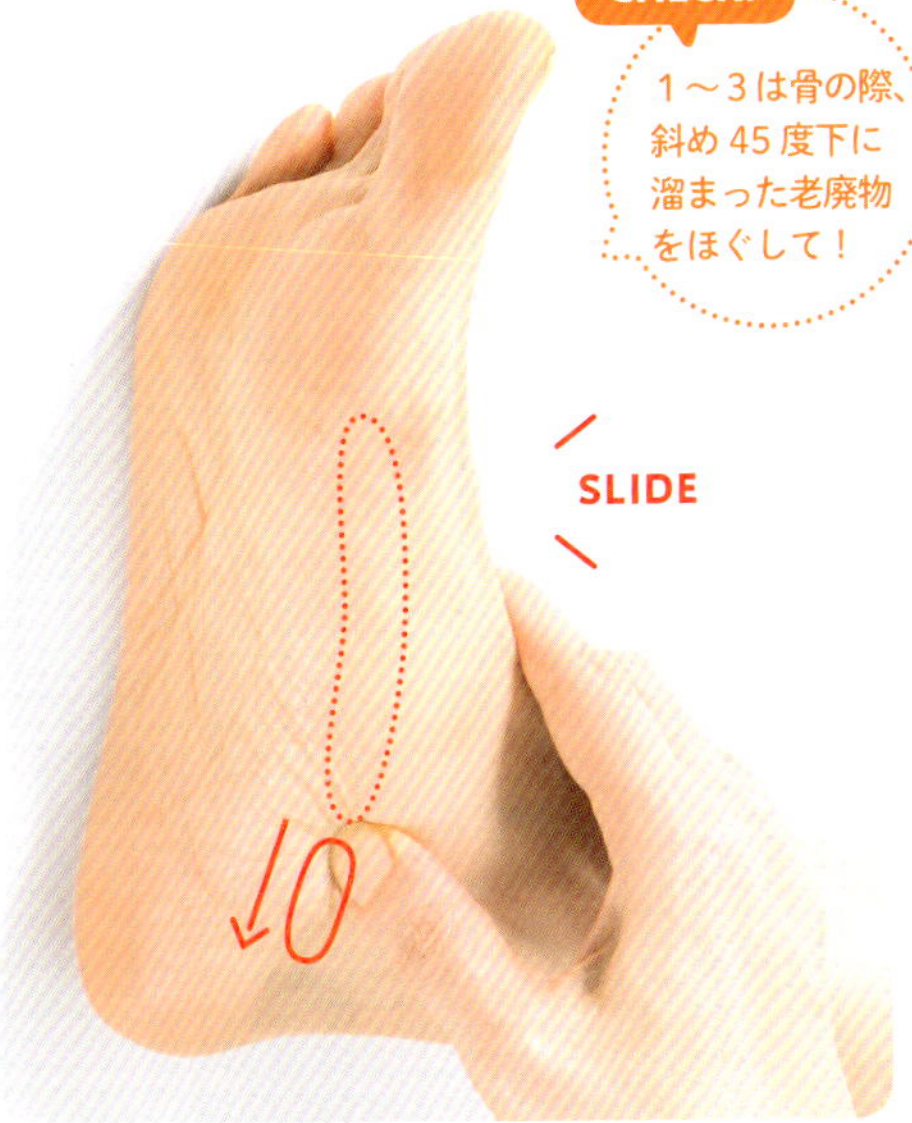

CHECK!

1～3は骨の際、斜め45度下に溜まった老廃物をほぐして！

3 仙骨の反射区を親指でスライド

腰椎の反射区から続くかかと寄りの部分を、クリームを使ってブチブチとつぶしながら骨の際に沿って流す。1～3を3回繰り返す。

胸椎・腰椎・仙骨の反射区の骨の上

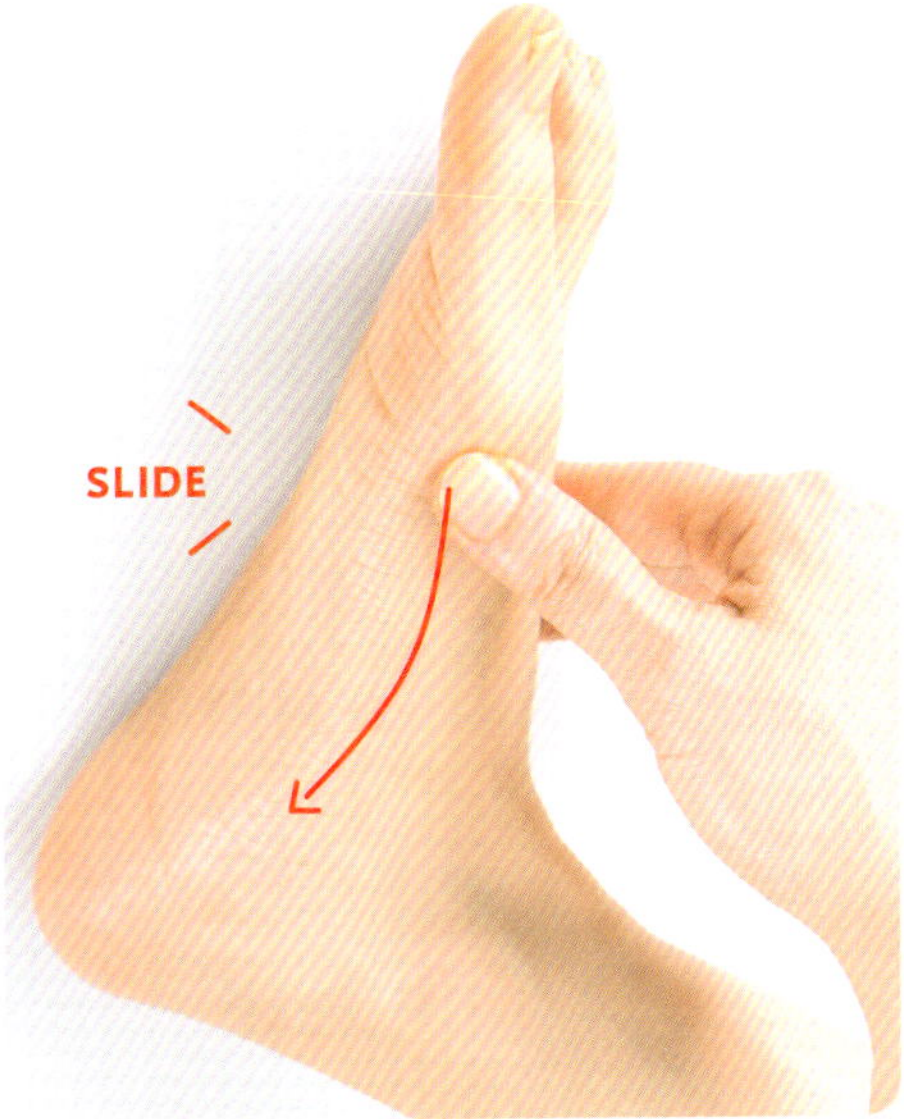

4 1～3の骨のライン上を親指でスライド

骨の上をクリームを使ってスライドしながら、老廃物をブチブチと流してほぐしていく。

全身やせプログラム 6

首元や胸の周りを美しく

鎖骨（デコルテ）

鎖骨が見える首周りは、優雅で品のある印象に。デコルテがキレイになるとあごが上がり、表情にも自信が生まれます。

ここをもむ！

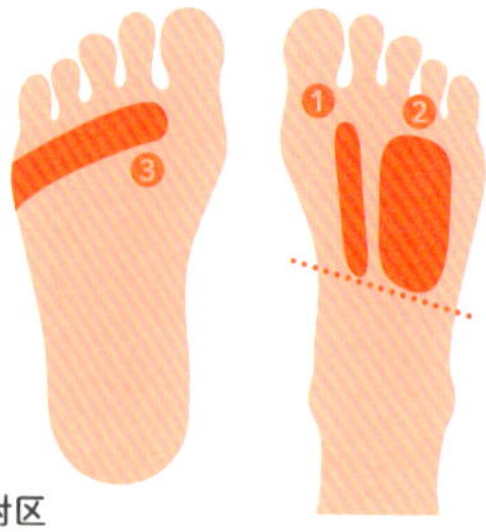

❶ 胸部リンパ腺の反射区
❷ 胸部の反射区
❸ 肩の僧帽筋の反射区

胸部リンパ腺の反射区

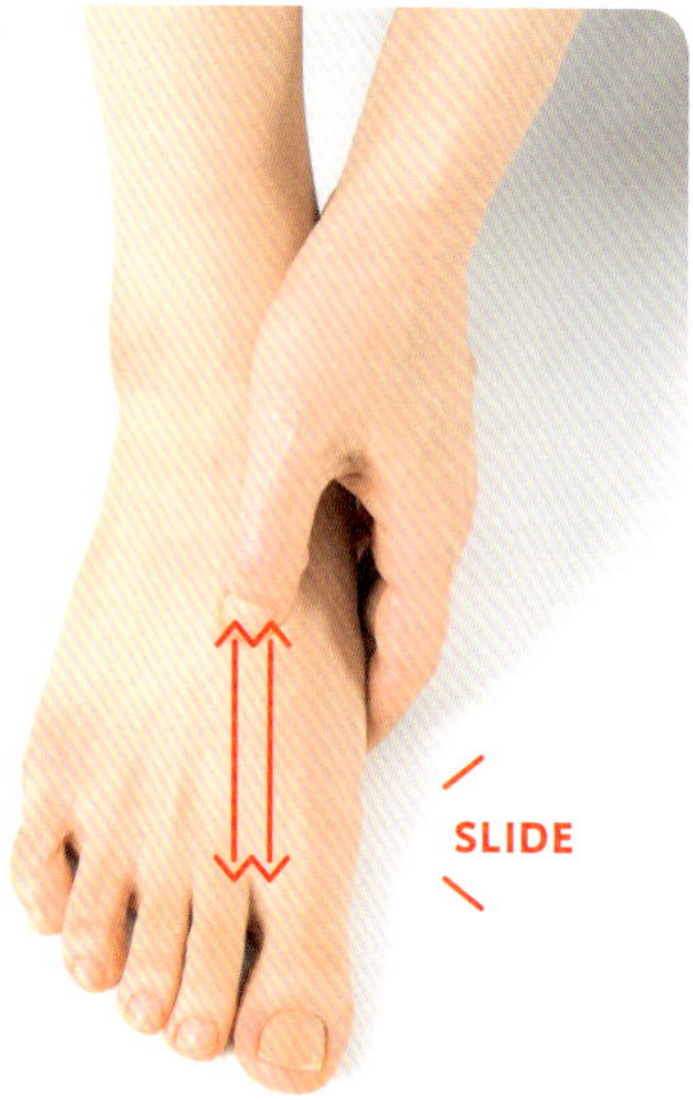

1 胸部リンパ腺の反射区を親指でスライド

足の甲の親指と人差し指の間の２本のラインを、クリームを使って老廃物をブチブチと押し出すように流す。

胸部の反射区

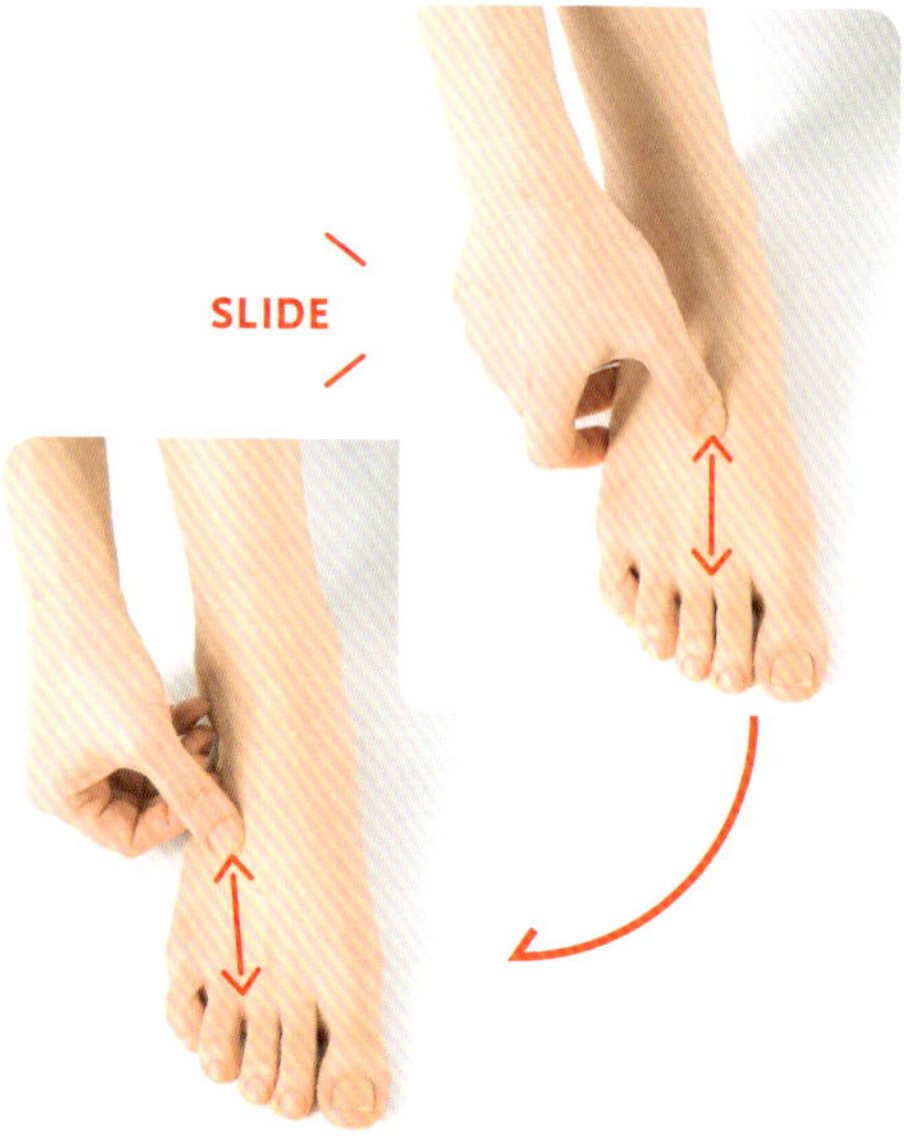

2 胸部の反射区を親指でスライド

足の甲の人差し指と中指の間を１ライン、中指と薬指の間を１ライン、クリームを使って指を埋め込むようにして流す。

and MORE

さらにチャレンジ!

デコルテを４本の指でなぞる

リンパの出口である鎖骨上部から、老廃物を押し流すようなイメージで４本の指を優しくすべらせて流す。肩コリにも効果的。

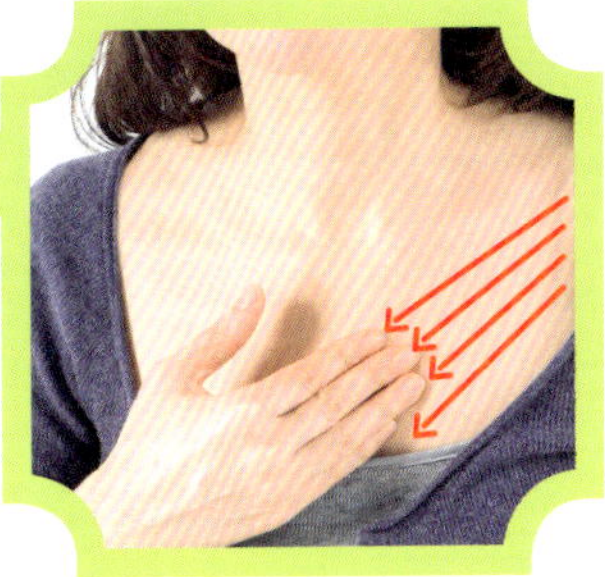

肩の僧帽筋の反射区

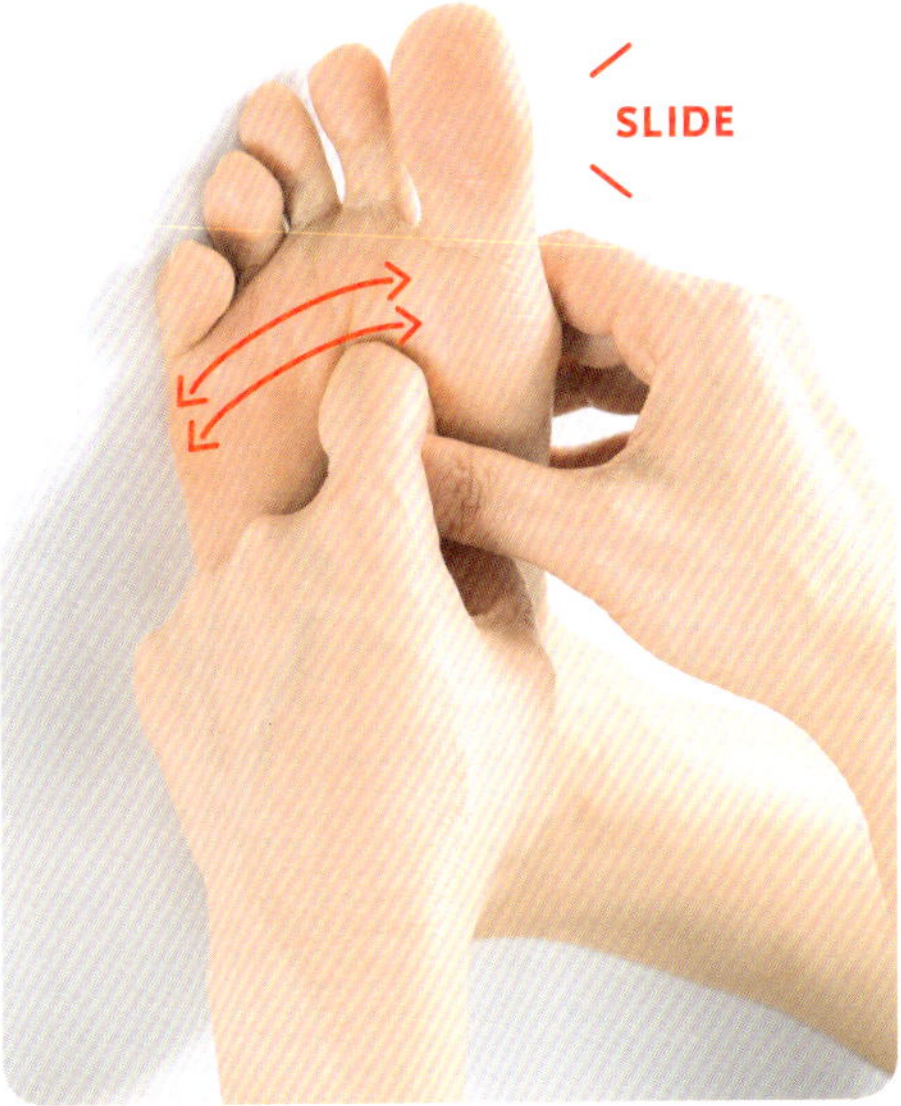

3 肩の僧帽筋の反射区を鋭角でスライド

足裏の人差し指から小指にかけて、指の根元にある帯状の反射区をクリームを使って２段で押し流す。

鎖骨ライン

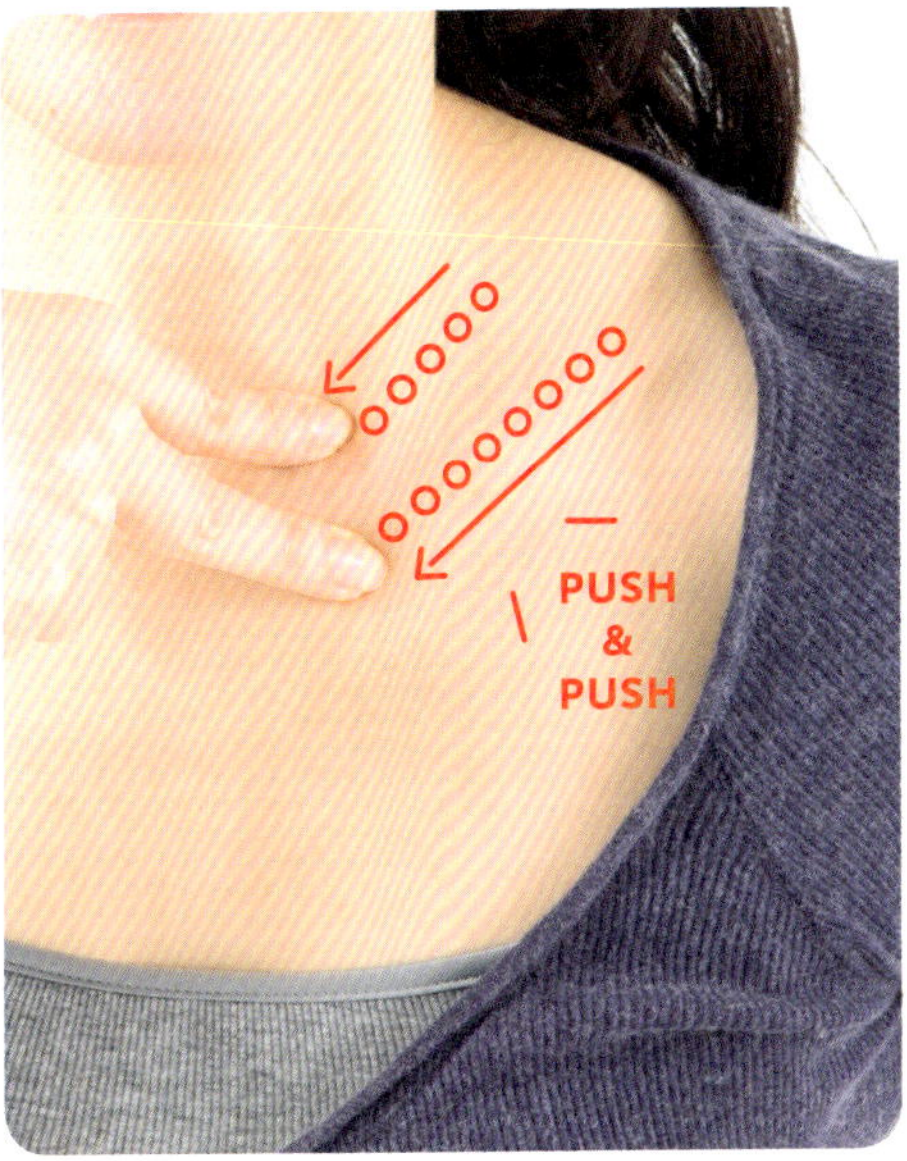

4 鎖骨ラインを２本の指の腹でプッシュ

人差し指と中指で鎖骨の際をはさむようにして、気持ちいい圧で指幅分ずらして押していく。

全身やせプログラム 7

腕を細く見せる秘訣はココ！

ひじ下

すっと伸びた腕のラインを見せるには、ひじ下のケアが大事。丁寧にもみ込み、老廃物を流していきましょう。

ここをもむ！

❶ とう骨の際
❷ 尺骨の際
❸ ひじ下全体
❹ 手首

とう骨の際

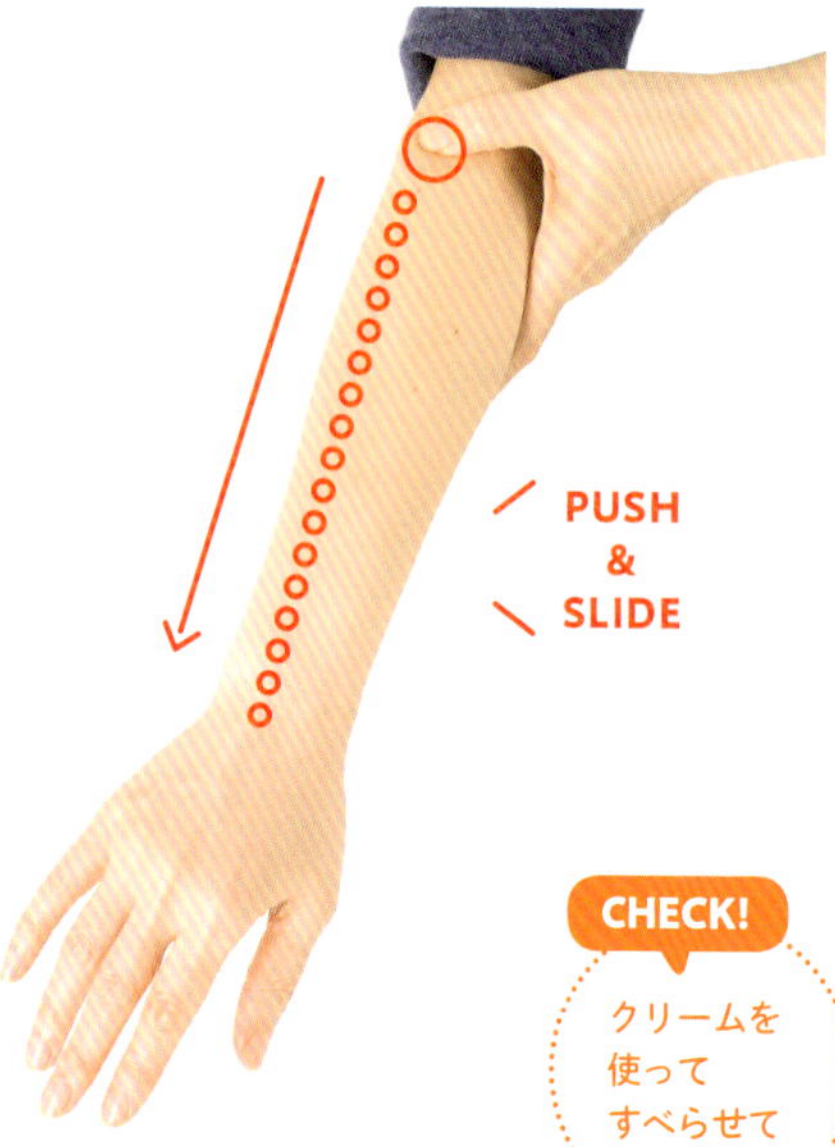

CHECK!
クリームを
使って
すべらせて

1 とう骨の際を
親指でプッシュ＆スライド

親指側。親指の幅分ずらしながら、手首に向けてイタ気持ちいい圧で押す。その後、クリームを使って老廃物を流すようにすべらせていく。

尺骨の際

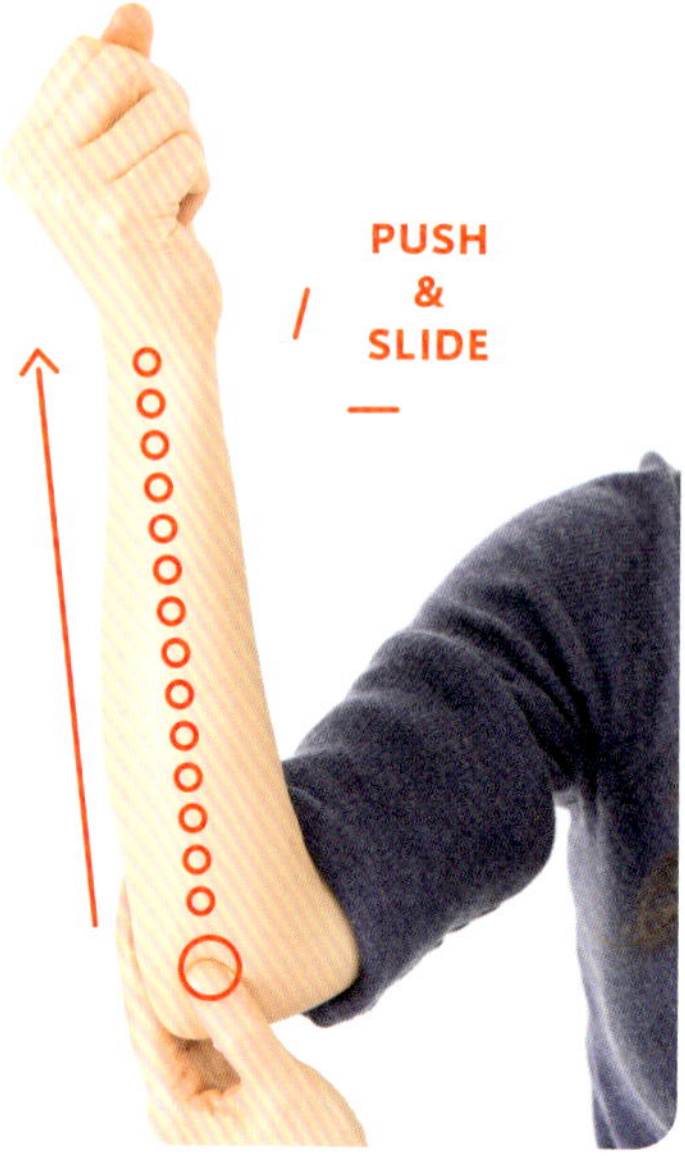

2 尺骨の際を
親指でプッシュ＆スライド

小指側。親指の幅分ずらしながら、手首に向けてイタ気持ちいい圧で押す。その後、クリームを使って老廃物を流すようにすべらせていく。

and MORE

さらにチャレンジ!

ふくらはぎをしっかりもむ

ひじ下とふくらはぎは、相対応反射でつながっている。ふくらはぎをもみ込むことで、全身の代謝が上がり、毒素排泄効果がUP。（P.54参照）

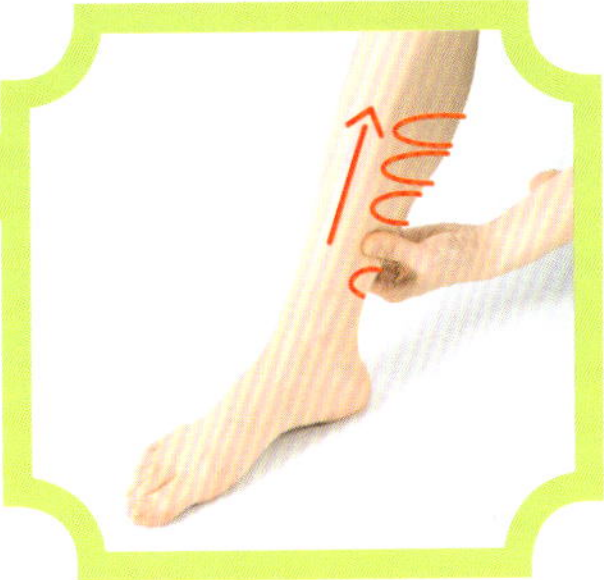

ひじ下全体

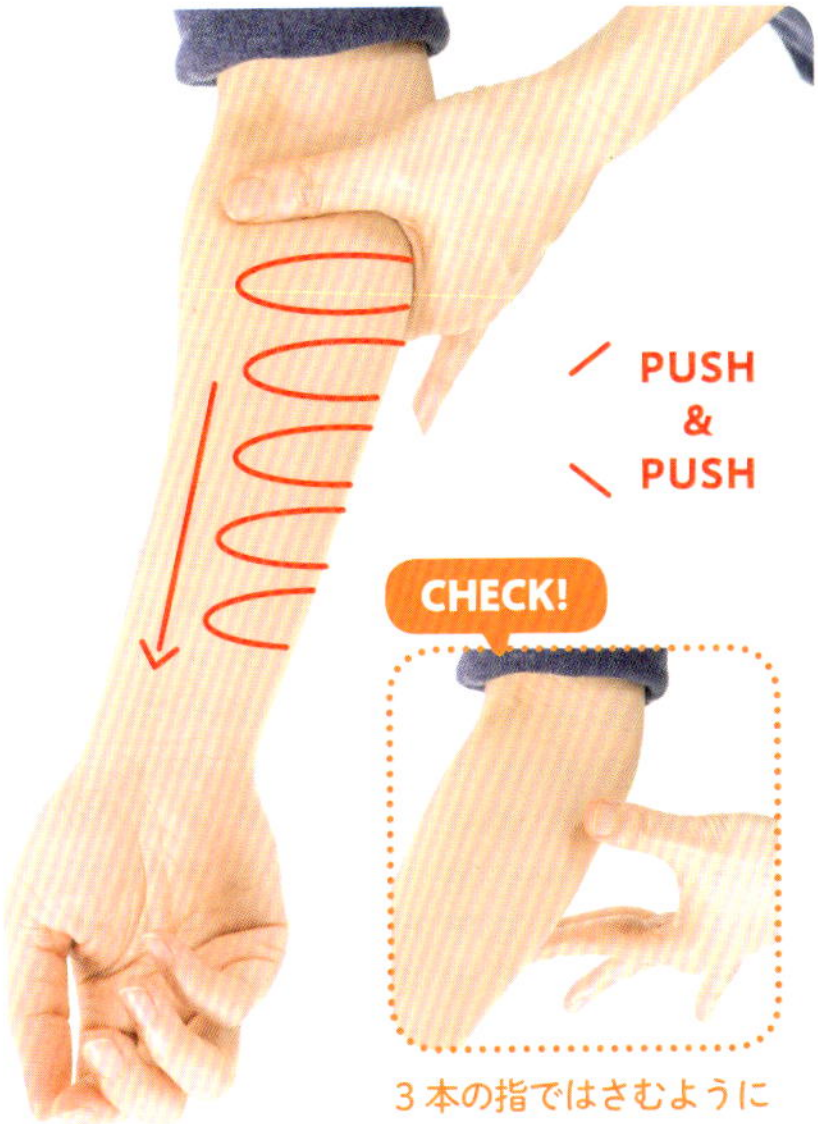

3 ひじ下の腕全体をもむ

親指、人差し指、中指を使って、ひじ下の筋肉をイタ気持ちいい圧でもんでほぐす。

手首

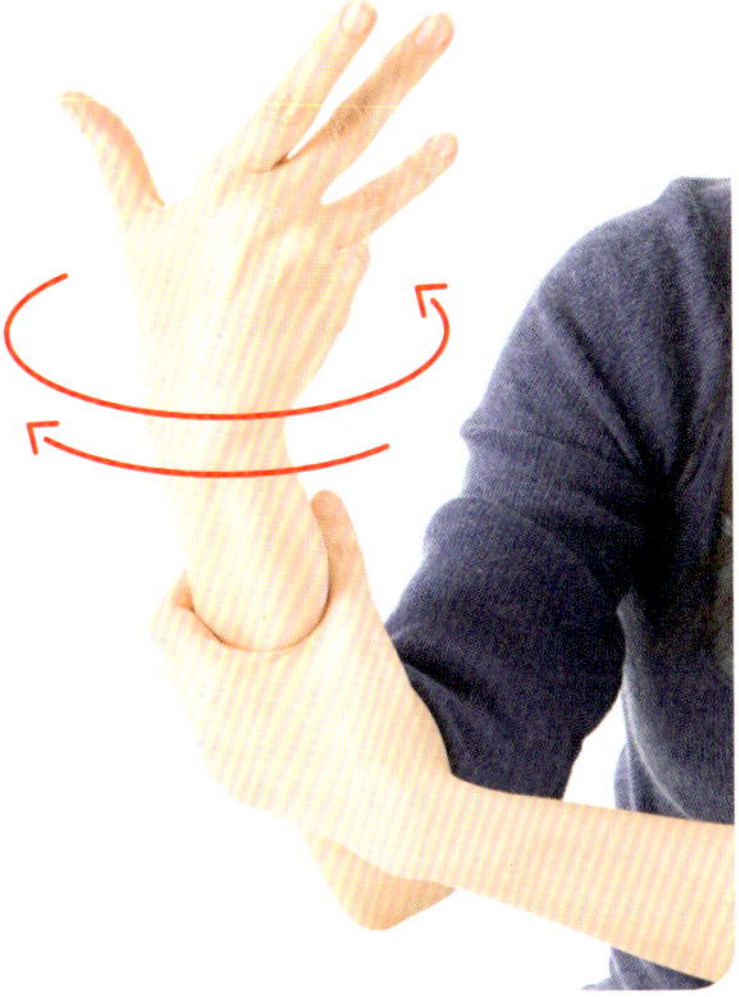

4 左手で右腕を固定し、右手首を左右5回ずつ回す

ひじの真ん中あたりを固定する。できる限り大きく回すと効果的。逆の手も同様に行う。

全身やせプログラム 8

指輪が似合う細長い指へ

手の指

手袋をしない限りは、一年中見える手の指。指の周りについたお肉やむくみを解消し、指輪やネイルが映える手元美人を目指しましょう。

ここをもむ！

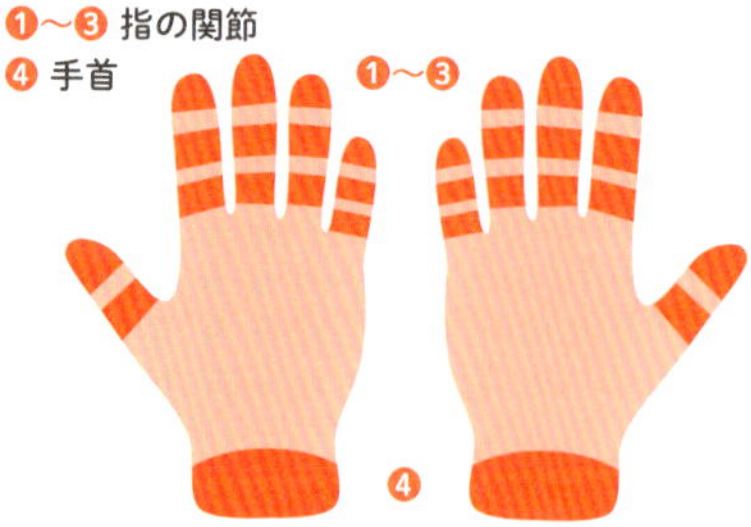

指の関節（表裏）

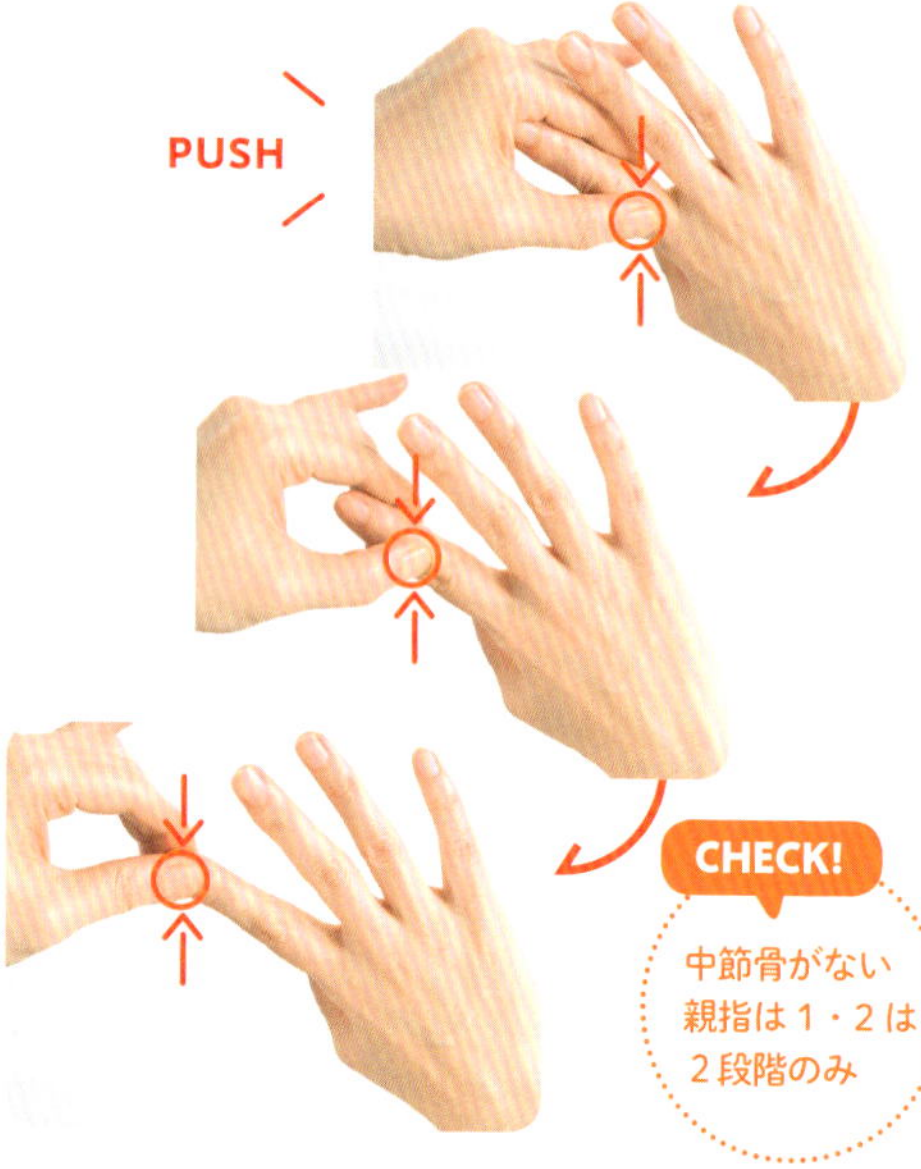

CHECK!

中節骨がない親指は１・２は２段階のみ

1 **親指と人差し指で指の両脇を上下にはさむようにプッシュ**

基節骨（指のつけ根）、中節骨（指の真ん中）、末節骨（つめの下）の３つの関節の際を、上下にはさんで押す。

指の関節（両脇）

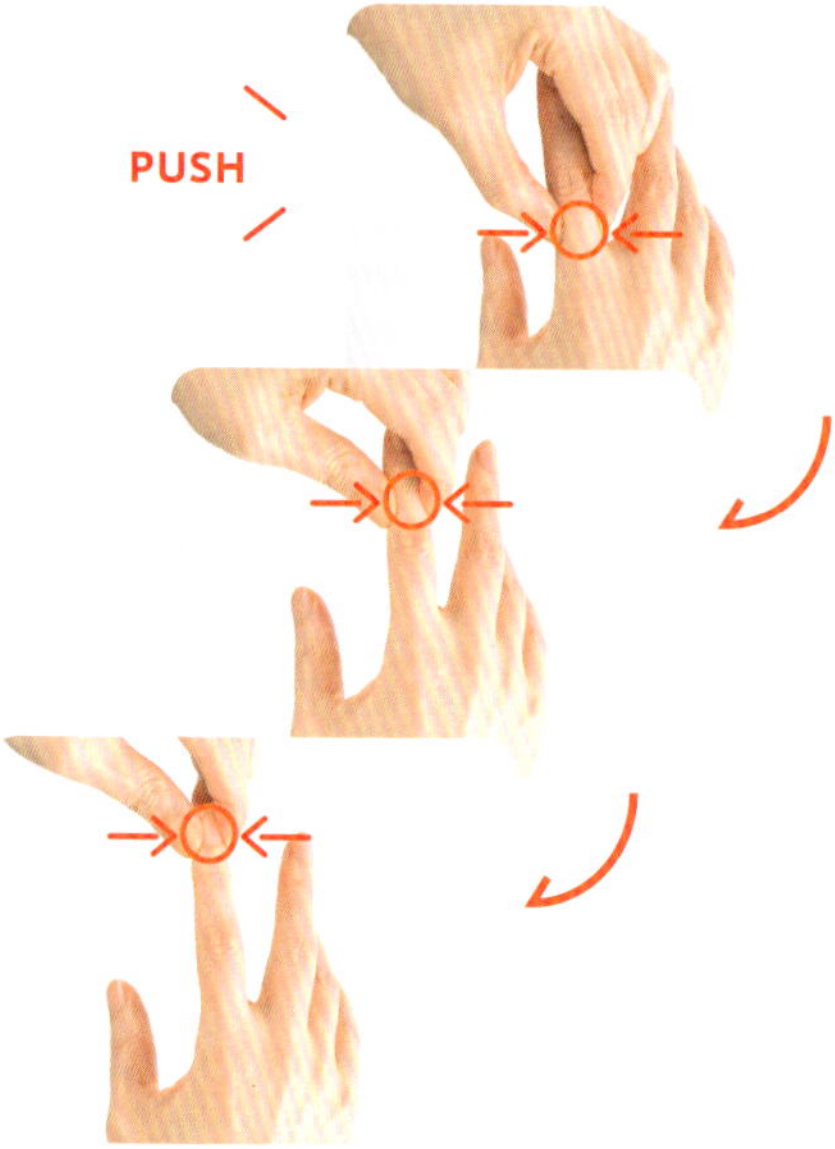

2 **親指と人差し指で指の両脇を横からはさむようにしてプッシュ**

基節骨（指のつけ根）、中節骨（指の真ん中）、末節骨（つめの横）の３つの関節の際を、左右にはさんで押す。

and MORE

さらにチャレンジ!

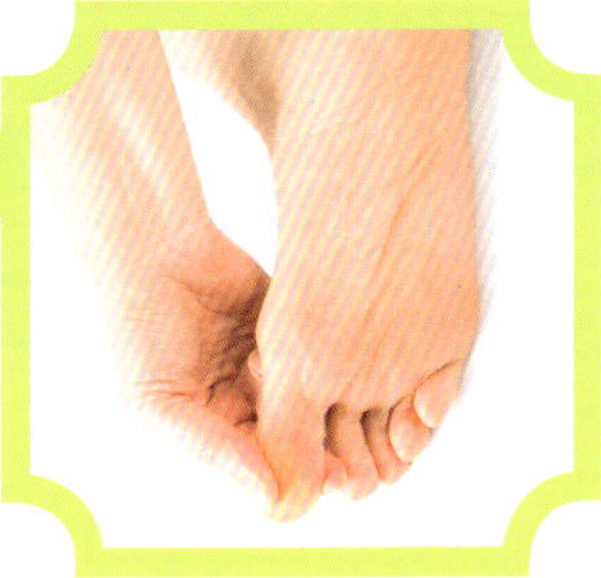

足の全ての指も３段階でもむ

手の指と足の指は、相対応反射でつながっている。つけ根、真ん中、上部の関節を上下にはさんでプッシュする。側面も同様に行う。

指の関節

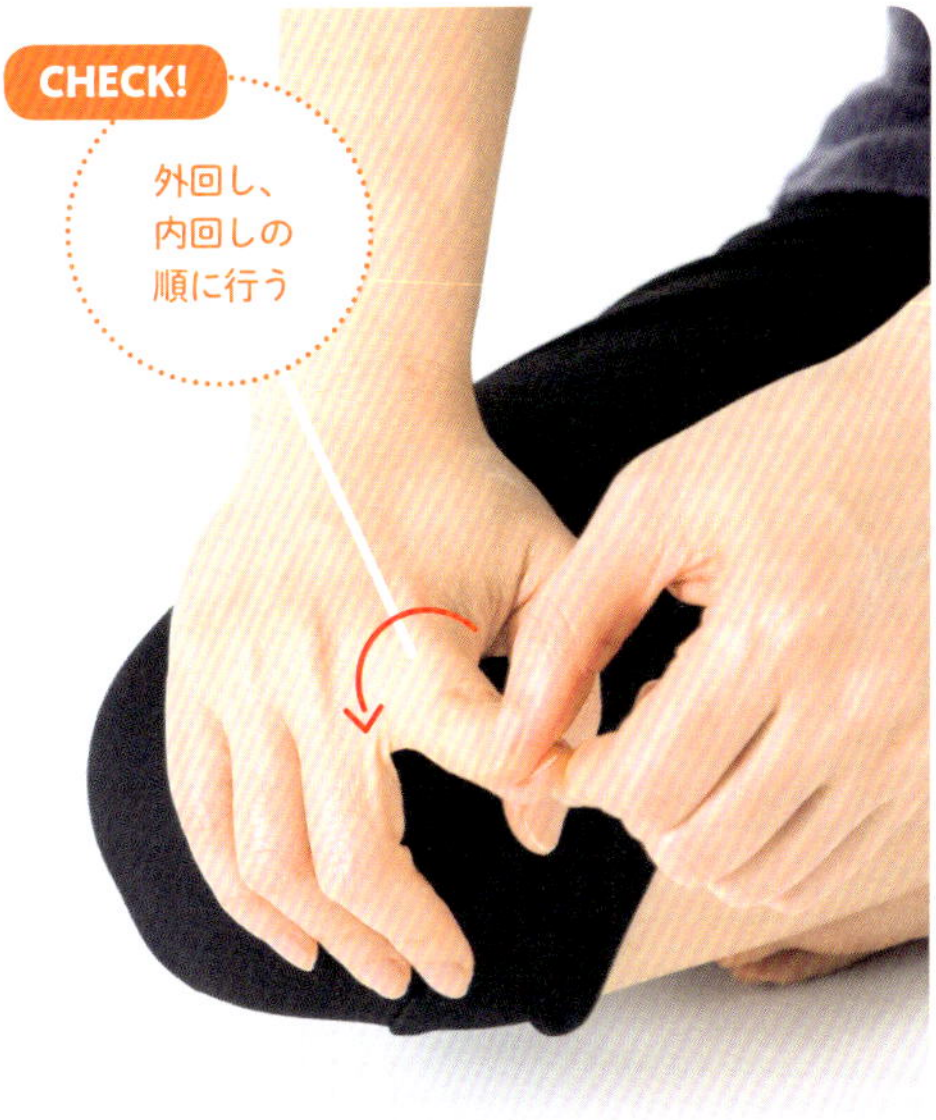

3 親指から小指まで順番に、左右５回ずつ回す

手のひらを太ももの上に乗せて、動かないように固定すると回しやすい。大きく回せば効果も UP する。

手首

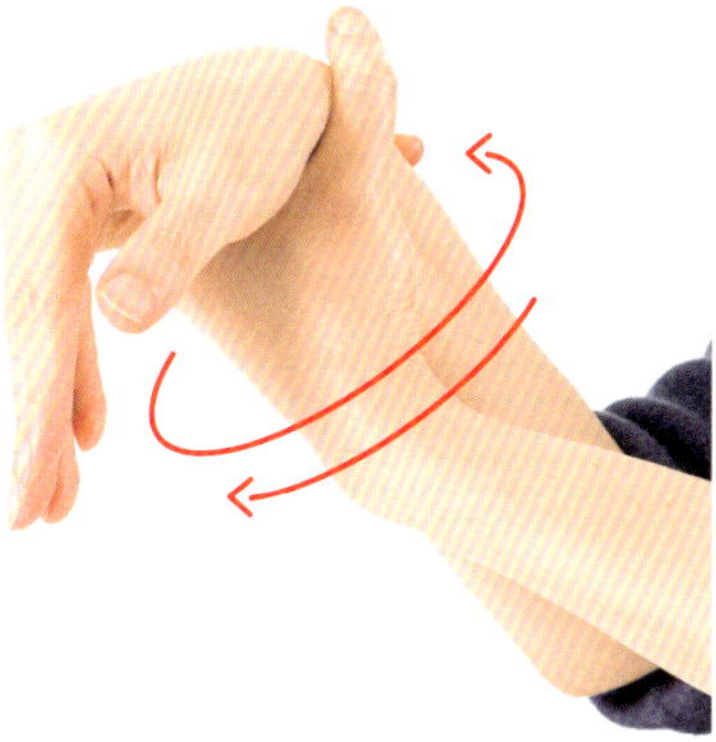

4 左手で右手首を固定し、右手首を左右５回ずつ回す

P.91 よりも手首寄りの場所を固定。できる限り大きく回すと効果的。逆の手も同様に行う。

全身やせプログラム 9

いつまでもハリのある胸を

バストUP

加齢とともに垂れてきたり萎んでしまったり…それぞれの悩みは尽きないバスト。足もみでバストUPを叶えましょう。

ここをもむ！

❶ 脳下垂体の反射区
❷ 胸椎の反射区
❸ 胸部リンパ腺・胸部・肩甲骨の反射区
❹ 腋かリンパ腺の反射区

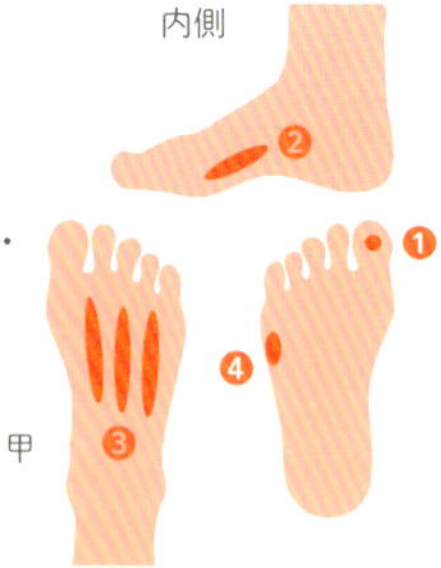

脳下垂体の反射区

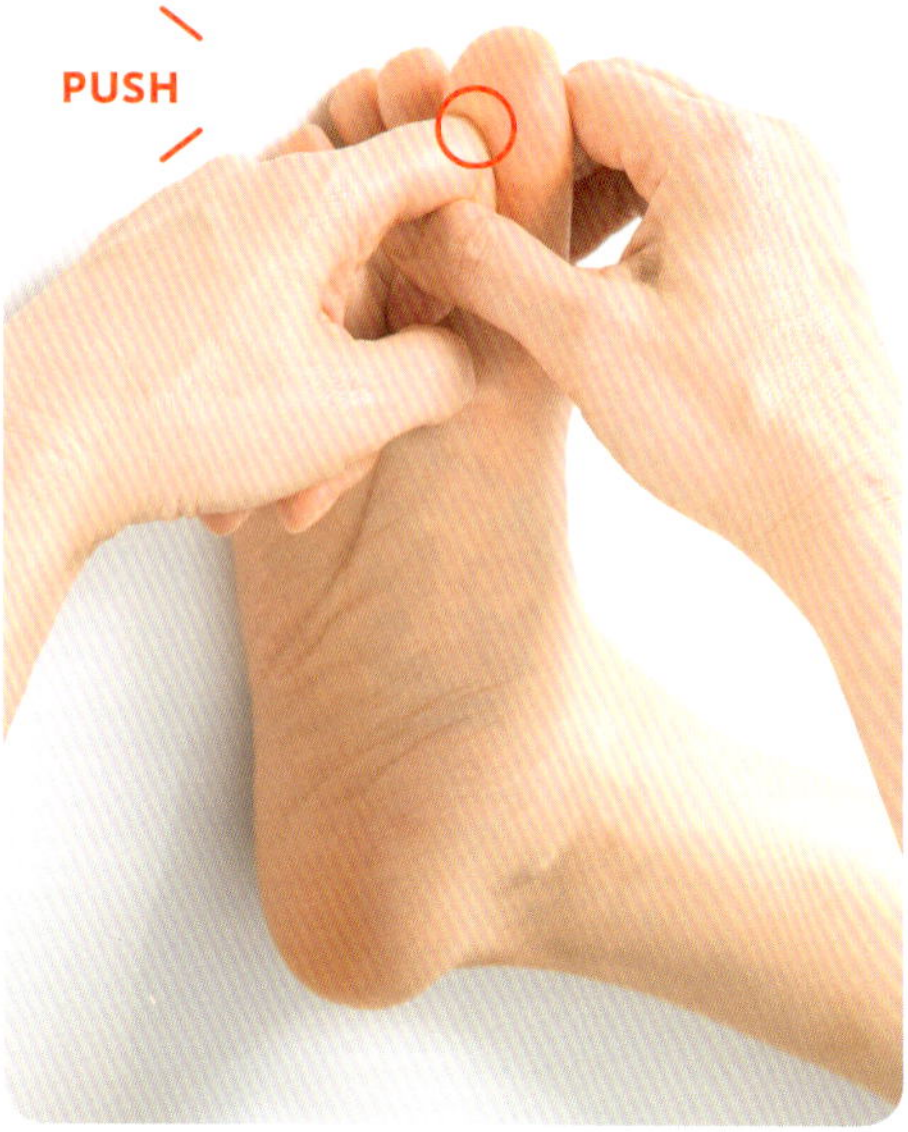

1 脳下垂体の反射区を鋭角でプッシュ

ホルモンの司令塔。親指の中心（指紋の真ん中）に、深く深く3秒間の安定圧をかける。

胸椎の反射区

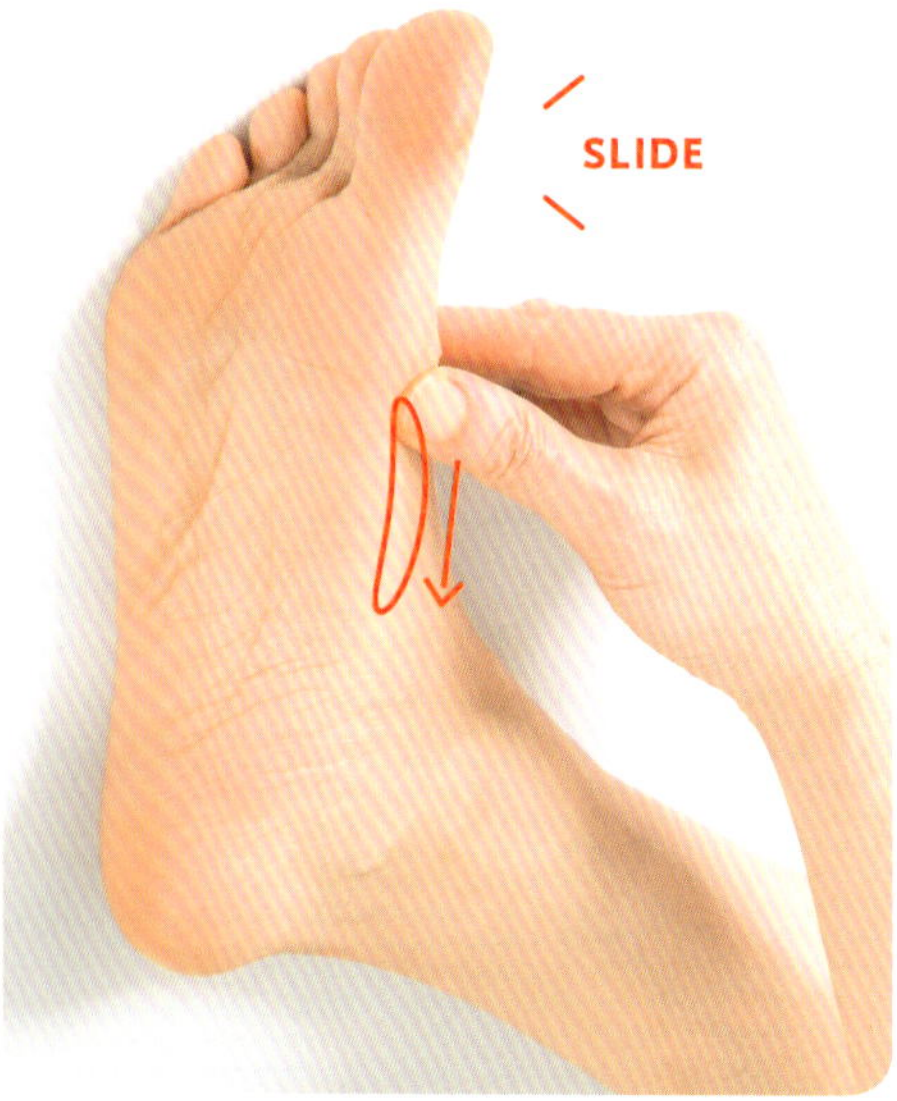

2 胸椎の反射区を親指でスライド

足の内側、つちふまず上部の骨の際を刺激し、背中のコリを取り血液の流れを高める。クリームを使うこと。

and MORE

さらにチャレンジ！

バストアップ体操

手の平同士を胸の前で合わせ、息を胸いっぱい吸う。息を吐きながら上半身を左に向ける。息を吸いながら正面に戻す。再び息を吐きながら右に向ける。これを３回繰り返す。

息を吐く

胸部リンパ腺・胸部・肩甲骨の反射区

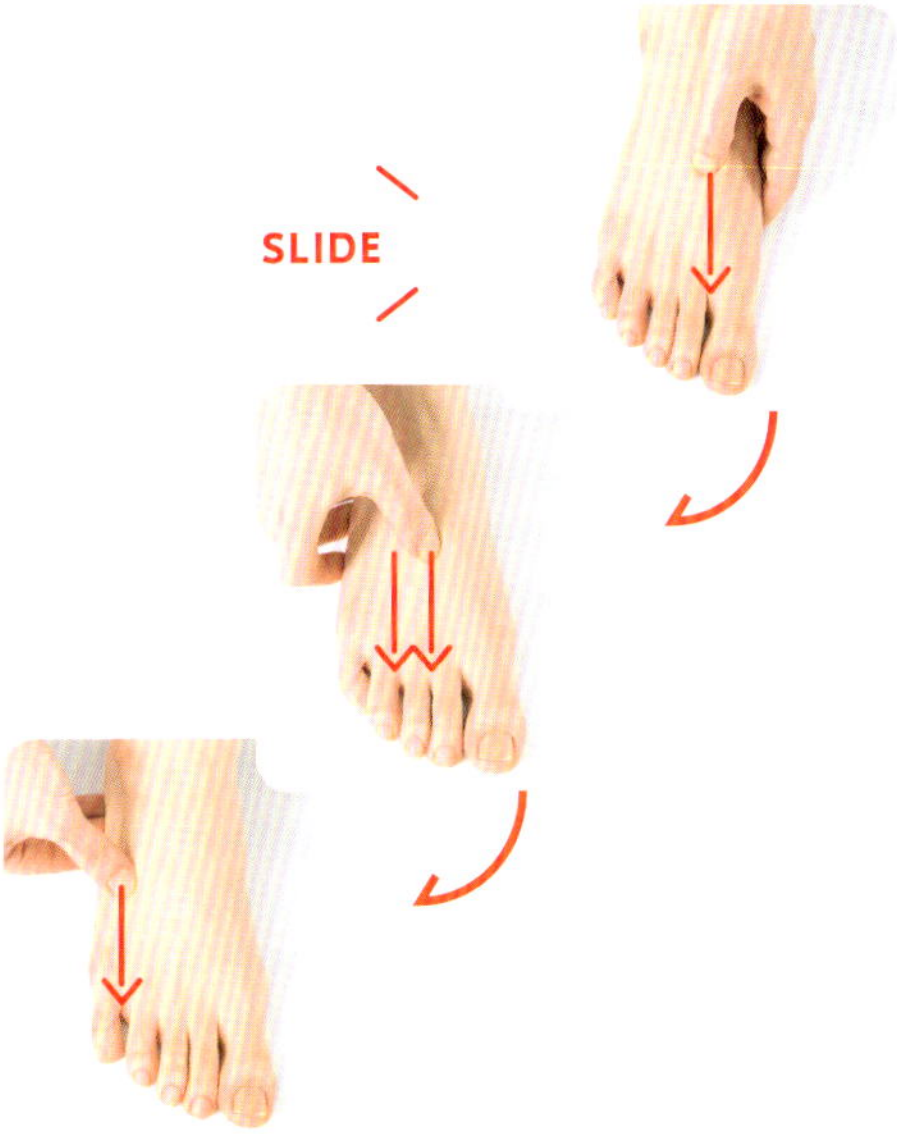
SLIDE

3 胸部リンパ腺・胸部・肩甲骨の反射区を親指でスライド

親指を埋め込むようにして、クリームを使って老廃物を押し流す。胸部全体のコリをほぐし、血流を促進。乳がん予防にも効果的。

腋かリンパ腺の反射区

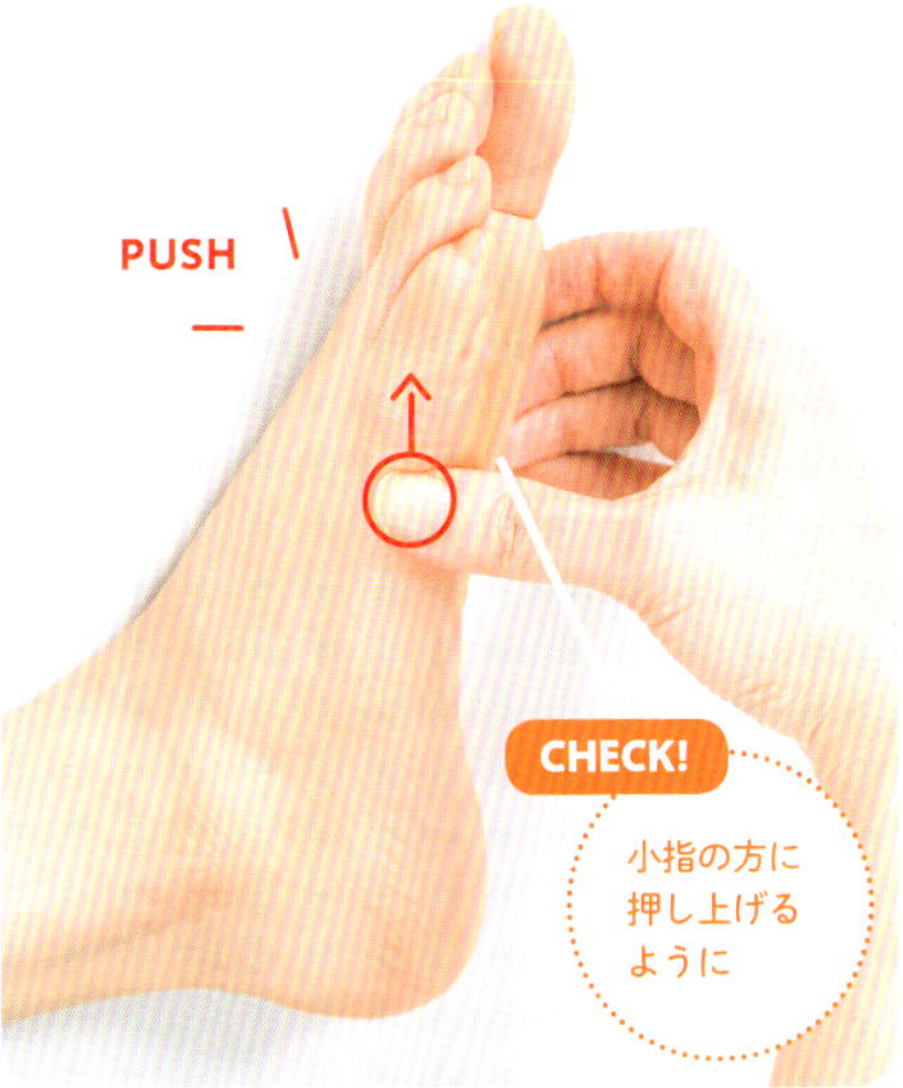
PUSH
CHECK!
小指の方に
押し上げる
ように

4 腋かリンパ腺の反射区を親指でプッシュ

小指下の側面部分にある。骨の際に圧を入れ、上に押し上げるようにして３秒間の安定圧をかける。

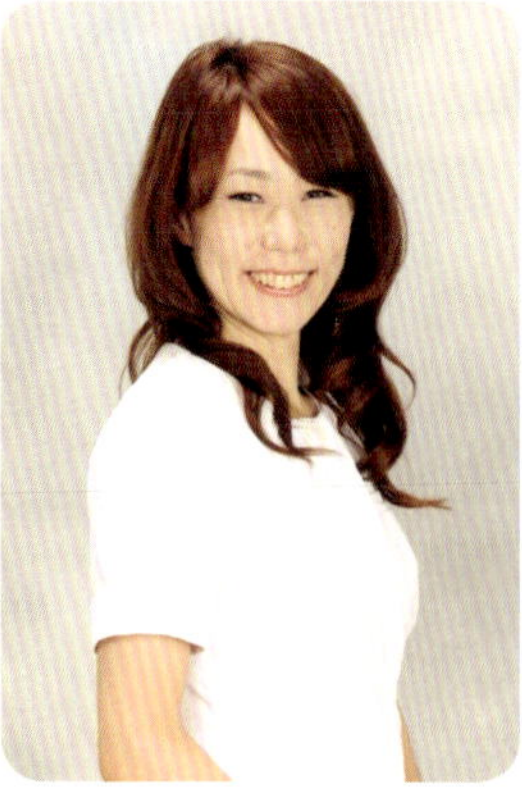

田辺智美（たなべ・さとみ）

「足健道」さと足ツボ療術院院長、一般社団法人足健道ジャパンプロフェッショナル協会代表理事。28歳の時、大型トレーラーに追突された事故により、重度のむち打ち症を患うが、「足もみ」を行うことで自力で完治させた。これをきっかけに、世界7カ国の反射区療法、推拿整体、東洋医学全般を学び、ツボと反射区と筋肉を刺激するオリジナルの技術「足健道」を考案する。2000年に石川県加賀市で開業以来、施術実績は2万人以上にのぼる。『「足もみ」で心も体も超健康になる！』『「足もみ」美人プログラム』（ともに三笠書房）、『足の裏もみで病気が治る！痛みが消える！』（マキノ出版）の他、著書累計は39万部を突破。
https://sokukendou.jp

もむだけ美脚ダイエット

2019年 6 月13日　第1刷発行
2020年 8 月31日　第7刷発行

著者／田辺智美

ブックデザイン／篠田直樹（bright light）
撮影／後藤晃人
イラスト／西村オコ
取材・編集／小川真梨子、松本貴子
編集協力／田中瑠子

発行／株式会社産業編集センター
〒112-0011　東京都文京区千石4丁目39番17号
TEL 03-5395-6133　FAX 03-5395-5320

印刷・製本／図書印刷株式会社

ISBN978-4-86311-230-8　C0077